東京と大阪の
両方を知る著者が
大阪不動産投資の魅力を
東京の視点から
分析する

2020年以降も勝ち続けたいなら大阪の不動産に投資しなさい

株式会社
日本ヴェルテック
取締役
山本 裕介◉著

現代書林

はじめに

東京人が引きつけられた大阪不動産のポテンシャル

私がこの本を執筆しようと思った理由は、3つあります。

第1に、このところ東京の不動産市況は非常に盛り上がっているのに対して、大阪に関する不動産関連の情報は世の中にあまり出ていないように感じます。政令指定都市のナンバーワンであり、市内総生産（市内GDP）が約18兆円であるにもかかわらず、神奈川県の横浜市のほうが情報は多い印象があります。この情報量の不均衡を何とかしたいと思ったのです。特に最近では、東京のみならず、大阪の不動産投資に対する関心も高まってきているので、積極的に情報発信をしていきたいと考えました。

第2に、世界各国で栄えている都市に共通するのは、海沿いのコンパクト都市であること。特に、陸海空と三拍子揃った交通の便がよい場所には将来性があります。大阪の場合、伊丹空港から中心部まで約20分程度。関空からは現時点では40分かかりますが、将来は短縮する計画が進行中です。人の移動は飛行機や電車を使いますが、モノの大量輸送にはやはり船舶が必要となります。海上は大阪港と神戸港の両方からアクセスできます。

ＵＳＪ（ユニバーサル・スタジオ・ジャパン）や道頓堀、大阪城なども近くにあり、映画館や買い物、ビジネス拠点も、それこそ半径5キロ圏内にぎゅっと凝縮していいます。大阪の中心部ですべてのことが間に合うのです。再開発プロジェクトやインフラ整備なども現在進行中で進められています。まだまだ発展していく大阪という都市のポテンシャルに、ぜひ気づいていただきたいと思ったのです。

第3の理由は、個人的なことですが、私自身の知見が溜まってきたことです。私は35歳までずっと東京の不動産会社で働いてきました。東京第一主義の世界観で生まれ育ったので、地方都市にはほとんど関心がなく、東京ありきの上から目線で見ることが多かったのです。

転職して大阪に仕事の場を移してから、7年が経ちました。実際に暮らしてみると、見るもの、買うもの、食べるもの、行くところのすべてが新鮮で、それまでの決まりきった東京での生活から解放された気分になりました。新しい土地に馴染んでくると、ようやくフラットな気持ちで、大阪独特の文化を知り、大阪の良いところや悪いところがわかるようになってきたのです。大阪のことをよく知らない読者に対して、東京との違いにも触れながら、大阪で狙い目となる場所をわかりやすく伝えられるのではないかと思ったのです。

私が大阪に来た当初はリーマンショックの後だったので、東京も含めて全国的に不動産市況は冴えない状況でした。唯一の期待がアベノミクスでしたが、その後、東京オリンピックの誘致が決まると、風向きが変わってきました。東京では一気に不動産熱が高まりましたが、大阪は一息遅れて、これから加速していくはずです。

不動産業界に従事する私にとって、大阪は働く場所としても魅力的です。若い社員たちと一緒に、お客様にどのような価値を届けられるのか。どのような不安や問題に対して、解決に向けたお手伝いができるのか。マーケティングや販売スキルも含めて、いろいろな意味で未開拓で伸びしろがあるからこそ、面白いし手応えがあります。

高齢化や少子化がこれほど速く進行している今、日本の年金制度には期待できませんし、国家の借金そのものも膨らんでいます。それを横目に見ながら、老後はどうするのかと悩んでいるサラリーマンは多いはずです。他力本願ではなく、自力で将来を支えようと考え、何か策はないかと模索していた人にとって、適切な情報さえあれば、これまでは自分には縁がないと思っていた不動産に対する長期投資も選択肢に入ってくるはずです。

不景気になると、保険の予定利率が下がったり、株式投資や先物取引などが流動的になったりします。個人年金保険や金融商品の投資は読みにくいところがあるのです。そういう時に注目が集まりやすいのが、金や不動産などの現物資産です。

不動産の大きな特徴は、短期の売買ではなく、長期で運用できること。もちろん、築年数が経てば家賃収入は下がることもありますし、今の低金利がいつまでも続くわけではありませんが、不動産を持つことで、自分の老後の支えとするだけでなく、配偶者や子どもに資産として残すこともできるのです。

ファミリー向けマンションや人気のタワーマンションなどは、それなりに経済的な余力がないと、大きな買い物なので手が出せないかもしれませんが、投資用のワンルームマンションは、不景気に強いビジネスと言えるでしょう。というのは、都心で単身者が住むワンルームマンションに限れば、景気が悪くなっても、需要がそれほど冷え込むことはないからです。不景気だからといって、ご飯を食べない、電車に乗らない、風邪薬を買わない人はいません。それと同じ理屈で、住む場所は絶対に必要になるからです。

逆に、不景気になれば、経済的な理由で結婚ができず、仕事に集中しようと思う人が増えて、単身者用の住居のニーズは高まります。また、保有資産を手放す人もいるので、好立地の安い中古物件が見つかりやすくなります。

投機ではなく、将来の年金対策、不労所得など目的や計画性をしっかりと持っていれば、ワンルームマンション投資は確実にメリットがあると、私は見ています。これから不動産投資を資産形成の1つの選択肢として考えてみようというサラリーマンの方々に、この本をぜひ役立てていただければと思います。

『2020年以降も勝ち続けたいなら大阪の不動産に投資しなさい』目次

第1章 今こそ大阪の不動産に投資するチャンスだ

第2章
大阪ワンルームマンション投資だからできる「ローリスク・ロングリターン」の資産運用

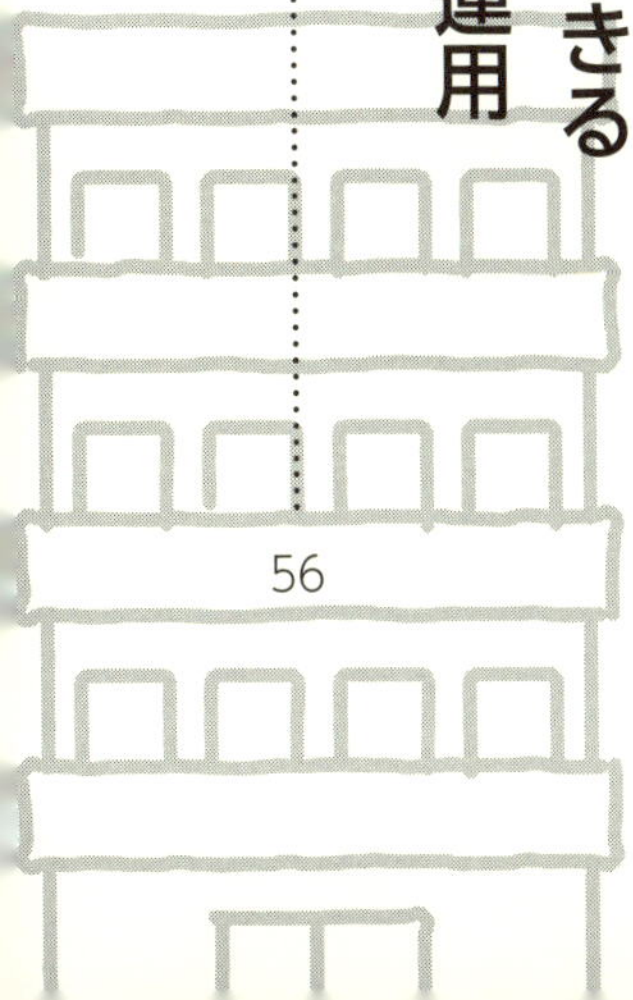

第3章 大阪人が住みたい物件を見分けるポイント

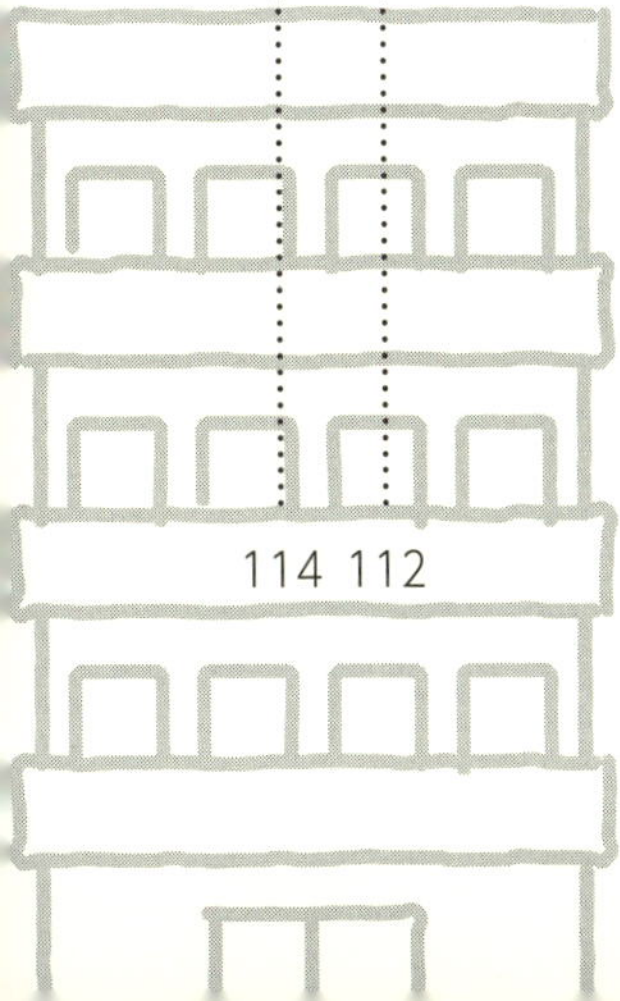

第4章
私が大阪ワンルームマンション投資を選んだ理由

第5章 大阪ワンルームマンション投資を成功に導く不動産会社の条件

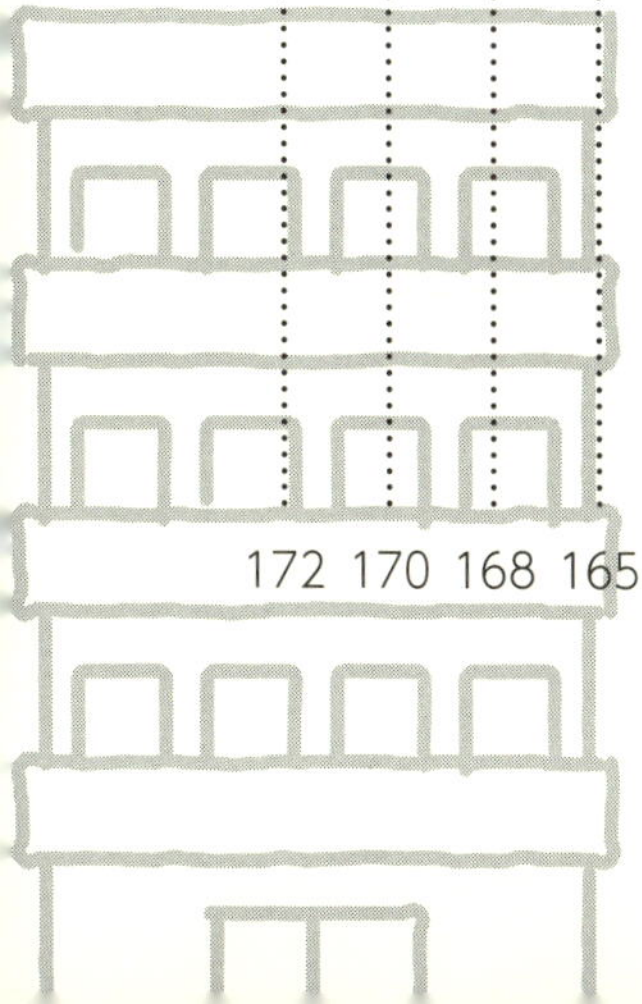

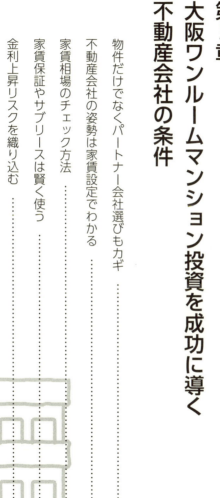

第1章

今こそ大阪の不動産に投資するチャンスだ

北区
大阪が誇る2大繁華街の1つ「梅田エリア」があり、企業の本社や関西支社が集まるオフィス街でもある。超高層マンションが次々と建設され、居住人口が増加している。梅田貨物駅跡地の再開発なども注目される。

投資マネーの分散化
――第1の都市以外にも投資する時代が来た

大阪というと、日本では2番手の都市にすぎないと、何となく低く見られがちな印象があります。ですが、統計データをじっくりと見ていくと、人口規模や経済規模をはじめとして、都市としての魅力度はそう捨てたものではないという思いを強くします。

たとえば、大阪の人口は約882万人と、東京、神奈川に注ぐ全国3位。大阪は古くから商業の街として知られてきました。中心部の大阪市には、約19万2000の事業所などが集中しています。さらに、神戸など近隣自治体からの就業者などが流入し、昼間人口は約350万人にのぼります。神戸や京都などを含めた大阪都市圏の人口は、世界の都市圏ランキングでは20位以内に入るのです。

大阪には製薬会社や医療機器メーカーが多く、大阪は健康・医療分野で国家戦略特

大阪府ってどういうところ？

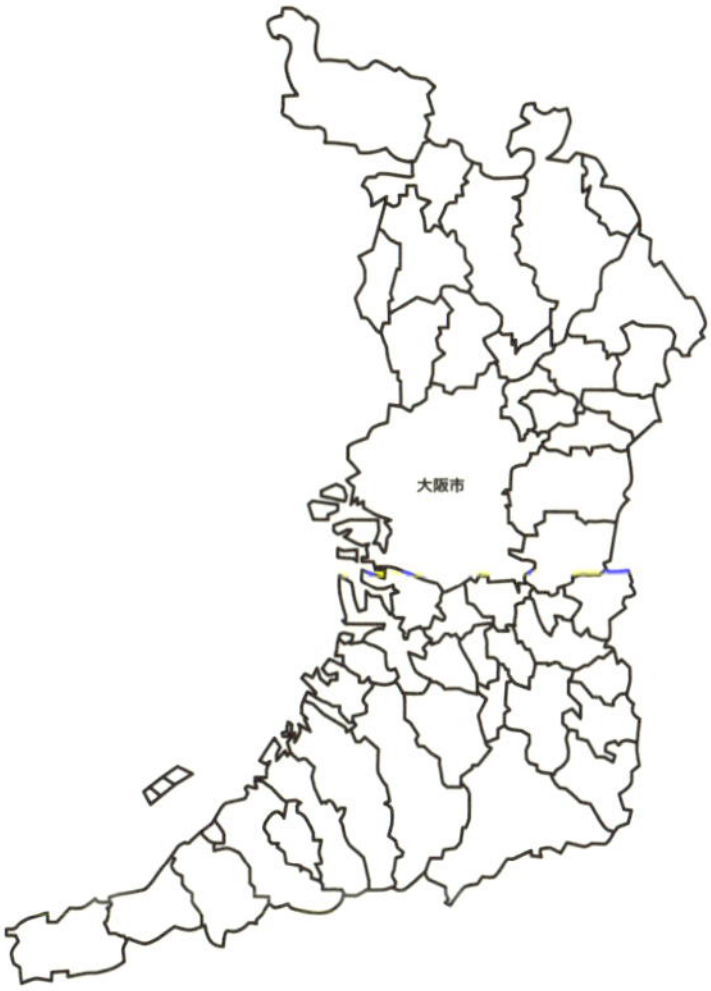

面積：1,905,14km2

人口：8,819,416 人（2018 年 4 月 1 日時点・全国第 3 位）

人口密度：4.629 人 /km2（全国第 2 位）

自治体数：43

事業者数：427,765　（2016 年・全国第 2 位）

従業者数：4,729,325 人　（2014 年・全国第 2 位）

2018 年平均地価：25.6 万円 /m2（2017 年・全国第 2 位）

幼稚園数　766 件（2014 年・全国第 2 位）

小学校数　1,028 件（2014 年・全国第 3 位）

中学校数　533 件（2014 年・全国第 3 位）

高校数　257 件（2014 年・全国第 3 位）

病院数　535 件（2014 年・全国第 3 位）

出所：Wikipedia、経済センサス基礎調査、国土交通省、総務省統計データより作成

区となっています。大阪市の面積は約225平方キロメートルですが、その中に職場、繁華街、観光名所、居住地区、病院、大学・専門学校、様々なスポーツ施設などが集約され、緑の多い便利で暮らしやすい「コンパクト都市（複合都市）」です。

関西空港、伊丹空港、大阪港など世界各都市を結ぶインフラが充実しているので、アジア諸国をはじめとする海外からの観光客やビジネスマンが多くやって来ます。新幹線などの鉄道ネットワークや高速道路など陸の交通網も発達していて、国内の移動もスムーズにできます。

大阪府の2015年度域内総生産（GRP）は約39兆円（約3550億米ドル）。世界各国ランキングでは、イスラエルや南アフリカなど30位代前半の国と肩を並べます。大阪市のみのGRP（約1790億ドル）でも世界55位前後に入るのです。

最近は、インターネットで海外の情報を簡単に入手できるようになってきました。そのため、アメリカならニューヨークやロサンゼルス、タイならバンコクからパタヤというように、海外投資も盛んになっています。しかも、中国であれば香港、上海から、北京、天津、長慶へ、マレーシアであればクアラルンプールから、ジョホールバルやペナンというように、トップの大都市から、第2位、第3位の都市へと投資先の選択肢が広がっています。

一番人気の都市や場所は価格がどんどん上がっていくので、誰かの2番煎じや3番煎じで不動産を買い始めたとしても、投資のうまみは得られません。まだ注目度が低いけれどもこれから伸びると期待できる都市で、穴場を見つけたほうが断然面白いのです。実際に、その国で一番の大都市ではなく、どれが自分の考えや好みに合うかという観点で都市を選び投資する流れになってきているように感じます。

それは海外の不動産投資だけの話ではなく、日本国内でも同じです。東京一極集中の発想から抜け出して、都市圏ごとに魅力度や伸びしろを見ていく時代になっているのだと思います。

地価上昇率が示す大阪の伸びしろ

私が大阪に来て驚いたのは、東京よりも不動産価格が安いことです。たとえば、不動産データベースを提供する東京カンテイのプレスリリースによると、２０１８年の新築一戸建ての価格は東京が４５２４万円、大阪府が３１６９万円、中古マンション（70平米）の場合、東京が４８８１万円、大阪府が２３６１万円。このように、かなりの差があります。

国土交通省が発表した２０１８年の公示地価を見ると、大阪府内で最も地価が高いのは中央区で平均平米単価２５０・９万円。２位の北区が１３３・４万円、５位の福島区50・０万円、６位の浪速区が44・１万円、７位の西区が42・０万円です。

東京都はトップの中央区が７７７・０万円、２位の千代田区が６０１・０万円、３位の渋谷区が３８２・８万円。５位の新宿区でも３０３・１万円です。

たとえば、「心斎橋ＧＲＯＶＥ」（通称・プラダビル）は坪単価1億５０００万円と

東京・大阪の地価を比較する

● 全国の公示価格ランキング

順位	市区町村名	公示価格平均（平米当たり）
1 位	東京都中央区	777.0 万円
2 位	東京都千代田区	601.0 万円
3 位	東京都渋谷区	382.8 万円
4 位	東京都港区	334.5 万円
5 位	東京都新宿区	303.1 万円
6 位	大阪市中央区	250.9 万円
7 位	名古屋市中村区	140.2 万円
8 位	大阪市北区	133.4 万円
9 位	東京都豊島区	132.6 万円
10 位	東京都台東区	123.7 万円

● 大阪府の公示価格ランキング

順位	市区町村名	公示価格平均（平米当たり）
1 位	中央区	250.9 万円
2 位	北区	133.4 万円
3 位	阿倍野区	56.1 万円
4 位	天王寺区	55.9 万円
5 位	福島区	50.0 万円

出所：2018 年・国土交通省調べ

いうように東京の銀座並みだったりもしますが、そうした一部地域を除けば、大阪の中心部の地価はかなり安いことがわかります。

ところで、土地の価格というと、公示価格のほか、固定資産税や相続税に用いる路線価など、いろいろあってややこしいのですが、物件の資産価値を判断するときに重要な視点となります。建物の価値は経年で下がっていきますが、人気の場所であれば地価は下がらないからです。

しかも、東京や京都では、バブル崩壊後に3分の1になった地価が再びバブル時を超える水準になっていますが、大阪はまだそこまで達していません。大阪の地価上昇率はここ数年、全国トップとなっていますが、現時点であれば、都市のど真ん中の好立地の物件を比較的安く買える可能性が高いのは、東京よりも間違いなく大阪です。

私は独自に物件をS（スペシャル）からＡＢＣＤＥとクラス分けしていて、たとえば、東京のＡ～Ｓクラスは麻布、赤坂、青山、白金など。今、東京で売り出されているのは、それより人気のないエリアのＤクラス物件ですが、それでも３０００万円もします。大阪の場合は（さすがにＳクラスはなかなか出てきませんが）、Ａクラスを適正価格で狙えるという感触を持っています。

インバウンド１１００万人超え！

安倍政権では観光立国を成長戦略の柱の１つに掲げてきましたが、２０１７年に大阪府を訪れた訪日外国人客（インバウンド）は１１００万人を超え、消費額は１兆１７３１億円に達したことが新聞でも報じられました。来日客の３人に１人以上が大阪を訪れた計算になるそうです。公表されているデータを見ると、関西国際空港からの外国人の入国数は、２年前に成田空港を超えて、１日50万人以上にのぼります。

ちなみに、関西国際空港は、日本で初めて民間企業に運営を任せた空港です。免税店などはロッテが低コストで運営するようになってから、収益性も上がってきたと聞きます。神戸空港やと伊丹空港でも民間企業が運営権を取得し、改装を終えました。こうしたインフラ設備は、民間の力を活用したほうが、どんどん面白くなっていくと思います。

物価の安さ、関西グルメの人気、格安航空会社（ＬＣＣ）の増便などが、観光客が大阪に集まってくる要因と言われています。実際に、梅田や心斎橋、難波などで通りを歩くと、外国人が本当に多いなと感じます。

東京では、秋葉原、浅草、渋谷、六本木、銀座など、どこに行く場合でもいちいち電車や地下鉄に乗って駅から駅へと移動しなくてはなりません。大阪は、新宿と渋谷が凝縮したようなコンパクト都市なので、ショッピングや食事をまとめて満喫できます。東京ディズニーランドは千葉まで行くので行き来に時間がかかりますが、大阪城、ユニバーサル・スタジオ・ジャパン（ＵＳＪ）、海遊館（水族館）、梅田スカイビルなどの大阪の観光スポットは、地下鉄やタクシーですぐに回れます。訪日客にとって非常に観光しやすいはずです。

私自身、大阪に引っ越してきて最初に実感したのが、どこに行くのも便利なことでした。東京在住の頃には、まったく行かなかったような場所にも、フットワーク軽く出かけるようになりました。

京都などへのアクセスの良さも、外国人が大阪に訪れる大きな理由となっています。訪日客にとってメジャーな観光スポットを効率よく回るための定番旅行ルートは、「ゴールデンルート」と呼ばれます。たとえば中国人の場合、東京・箱根・富士山・

インバウンドの状況

● 主要五カ国・地域別　来阪外国人旅行者数（推計値）

国・地域	2017年	
	訪日外客数（万人）	来阪外国人旅行者数（万人）
韓国	714.0 24.9%	714.0 21.7%
台湾	456.4 15.9%	140.0 12.6%
中国	735.6 25.6%	402.4 36.2%
香港	223.1 7.8%	74.1 6.7%
アメリカ	137.5 4.8%	35.9 6.7%
全体	2,869.1 100.0%	1,111.4 100.0%

【訪日外客数】日本政府観光局（JNTO）「訪日外客統計」
【来阪外国人旅行者数】（公財）大阪観光局による推計値
出所：大阪府・観光統計調査

● 関西におけるインバウンド消費額

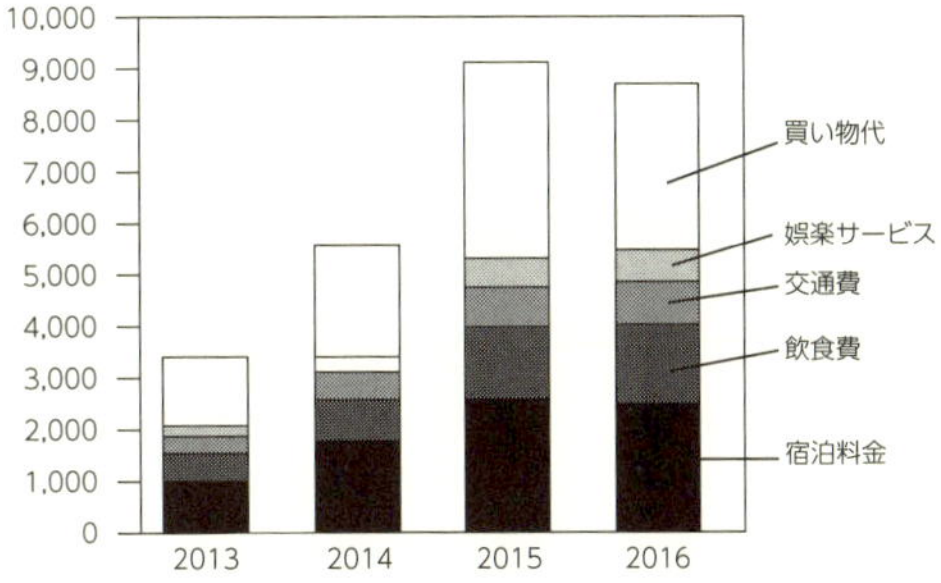

(注)1. 関西におけるインバウンド消費額は、関西国際空港入国者の消費額。2. 百貨店免税売上は、X-12-ARIMA による季節調整値。
(出所) 観光庁、法務省、日本銀行大阪支店

名古屋・京都・大阪という5都市を周遊するのが、人気のゴールデンルートです。東京から入って大阪を出口にする、逆に、大阪から入って東京を出口にするという両パターンがありますが、ゴールデンゲートにしっかりと組み込まれることが、観光客にお金を落としてもらううえでは非常に重要です。

大阪府と大阪市は「大阪都市魅力創造戦略2020」の中で、来阪外国人旅行者数を2020年までに1300万人に達成するという目標を掲げています。2025年の国際博覧会（万博）誘致も目指しており、国際イベントの開催に力を入れています。訪日客の受け入れに向けて、道案内表示の英語表記、無料Wi‐Fi（ワイファイ）の整備、医療・防災などの相談窓口や支援マニュアル案の策定など、サポート体制の拡充も急ピッチで進められています。

こうした状況を見ても、今後もますます観光による経済発展が見込めると思います。

「世界に誇れる自慢の都市」

目指すべき都市像	ＫＰＩ：重要業績評価指標（◎→主指標、・→副指標）	策定時の数値	主指標の目標値
世界に誇れる自慢の都市	◎来阪外国人旅行者数	H27　716 万人	1,300 万人
	・世界の都市総合力ランキング（分野：文化・交流ランキング）	H28　27 位	
	・自分の住んでいる地域に愛着を感じている府民の割合	H27　74.2%	
	・大阪が楽しいまちだと思っている人の割合（全国）	27 位　36.7%	

（出所）大阪府・大阪市「大阪都市魅力創造戦略 2020」３．目指すべき都市像のＫＰＩの現状　より

ホテル建設ラッシュと民泊はワンルームマンション投資にチャンス？

インバウンドが増えてくると、必要になるのが、宿泊する場所です。大阪では今、信じられないほどのホテル建設ラッシュとなっています。

実は、ワンルームマンションとホテルに求められる土地は、形状も場所もちょうど重なります。だから、どのデベロッパー（不動産開発業者）も、ホテル開発予定地をのどから手が出るほど欲しがっています。

ワンルームマンションの場合、一般消費者への分譲販売という出口があるため、どうしても「これ以上の値段では土地を仕入れられない」という土地取得価格の上限があります。これに対して、ホテルは自分たちでその土地を活用するため、回収年月を伸ばして収支計画を立てることが可能です。好立地なら大勢の利用客が見込まれるので、収益性も維持することが可能です。したがって、ホテル開発業者は少々高くなっても好立地を確保しようとするため、デベロッパーはどうあがいても勝てないのです。

ホテルがたくさん建つということは、ワンルームマンションの仕入れがより難しくなることも意味します。不動産投資をしようと思っている人にとって、対象物件がそれだけ少なくなるから、これはマイナスの情報だと思うかもしれません。

しかし私であれば、そこにある物件の希少性が高まるので、むしろチャンスだと考えます。つまり、いったん都心の物件を確保できれば、周囲に類似物件が次々と増えることはない。したがって、家賃の値下がりリスクや空室リスクが小さくなるわけです。

ところで、それだけホテル需要があるなら、押さえた物件を民泊などで貸し出せば、空室対応に役立つと思うかもしれません。最近施行された民泊新法では、分譲マンションも対象に入っています。しかし、実際にはそう簡単にいきません。知らない人が出入りすることを住人が嫌がり、マンション管理組合規定で民泊を禁止している場合が多いのです。当社が扱う投資型マンションでもたいてい民泊禁止となっています。このため、民泊として貸し出したいなら、郊外の物件や、個人オーナーが一棟丸ごと運営しているマンションのような形のほうが適しています。

海外に眼を向けると、民泊ビジネスが成功し、すでにサービスとして広く認知されているのは事実です。世界的にも特に観光客の多いパリ（フランス）、ロンドン（イギリス）、リオデジャネイロ（ブラジル）、ローマ（イタリア）といった都市では、早くから民泊が浸透しています。米国最大手の民泊紹介サイトＡｉｒｂｎｂ（エアビーアンドビー）などの登場で、世界中の利用者が各国の民泊サービスにアクセスしやすくなったことも要因の一つと言えます。もちろん民泊ならではの問題が顕在化し、各国で新たな規制が検討され始めていますが、これも人気の裏返しと言えるでしょう。

仮に今後、規制がもっと緩和されて、空室中のマンションを民泊で借り受ける事例が増えたとしても、大阪都市部で民泊禁止のワンルーム物件に投資した人にとって、それは悪いニュースではありません。というのは、その分のマンションのストック数が減って、本来は借りることができたはずの場所が借りられなくなるからです。

大阪で仕事をしたり、学校に通ったりしている人たちは、民泊よりも長い期間、部屋を借りたいと思っているので、限られた数の民泊禁止マンションを選ばざるを得ません。その結果、希少性が高まって空室率が低くなり、家賃収入が安定するほか、家賃の上昇にもつながります。

観光客が増えてホテルの部屋が確保しにくくなることは、長期出張をするビジネス関係者にとっても頭痛のタネです。予約を取るのが大変なだけでなく、宿泊単価も上がるので、長期間のホテル滞在は難しい。あるいは、観光客が周囲に溢れる環境では、部屋で落ち着いて仕事ができないなど、さまざまな理由で、現在はマンスリーやウィークリーで借りられるマンションの需要が増加中です。こうした動向も通常の賃貸用物件のストック数が減ることを意味しますので、ワンルームマンションに投資をする人にとっては朗報と言えるでしょう。

再開発プロジェクトが目白押し

大阪では現在、さまざまな再開発プロジェクトが進行しています。

たとえば、梅田の再開発「うめきた2期地区」では、JR大阪駅北側の貨物駅跡地、17ヘクタール（東京ドーム3・6個分）が舞台となります。「みどりとイノベーションの融合」を目標に掲げて、産官学が協力して、健康で豊かに暮らせる幅広い新製品・サービス分野の産業の集積地を作ろうとしているのです。人々の生活を支援するロボット開発・製造にも力を入れる方針で、さまざまな企業や人を引きつける場となりそうです。

ビルを乱立させるのではなく、高層ビル数棟のみとし、都心の真ん中に緑あふれる大きな公園を置くというのは、かなり贅沢な土地の使い方ですが、ニューヨークにはセントラルパーク、ロンドンにはハイドパークがあるので、それと同じような考え方なのでしょう。

そのほか、梅田の阪神百貨店の建替え、ヨドバシカメラ梅田タワー（仮称）、新南

大阪駅周辺の再開発計画

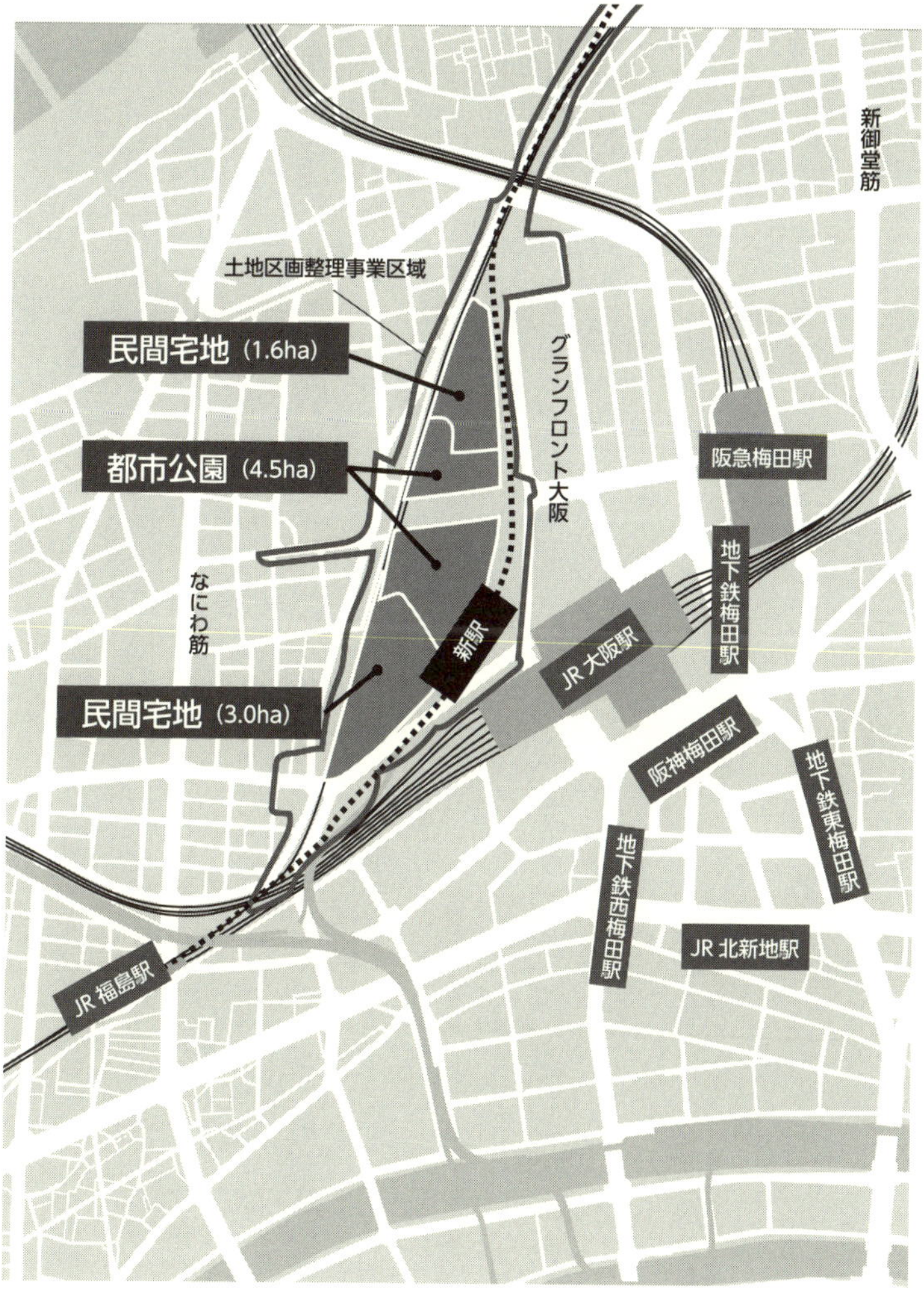

海会館ビルなどの新設工事も続々と進んでいます。

中之島エリアでも、大阪市の新しい美術館の建設計画が進行中です。難波・心斎橋エリアでも、「なんばスカイオ」や「大丸心斎橋店本館建替え計画」など大型再開発や、マリオット・インターナショナルグループのデザインホテル建設が発表されています。

こうした建設ラッシュは規制緩和がきっかけとなっています。御堂筋沿道では、大正時代から建物の高さ制限が定められていました。1995年にいったん規制は緩和されたのですが、それでも高さ制限は50メートルと、15階程度のビルしか建てられませんでした。2000年頃から再び見直しが始まり、今では高さと容積率の制限が大幅に緩和され、高層ビルが建てられるようになったのです。

再開発が活発になってきた状況を見ていると、大阪が都市としての魅力を高めようという方向に積極的に動き出していることが実感できます。

年間１４００万人超を引き寄せるユニバーサル・スタジオ・ジャパン

ユニバーサル・スタジオは、「ジョーズ」や「ジュラシックパーク」などハリウッド映画の世界を体験できるアメリカのテーマパークです。２００１年に大阪此花区に開園したユニバーサル・スタジオ・ジャパン（ＵＳＪ）は、同テーマパークの海外進出第１号となりました。

一時期、来場者数が年間８００万人台で伸び悩んだりしましたが、開業10周年を機に、ＵＳＪ側がいろいろなイベントを仕掛けると、再び来場者が増え始めました。とりわけ、２０１４年に総額４５０億円をかけて「ハリー・ポッター」シリーズをテーマとしたエリア「ウィザーディング・ワールド・オブ・ハリー・ポッター」がオープン。その結果、国内外の観光客が大幅に伸びて年間１２７０万人に達したのです。ＵＳＪがもたらす今後10年の経済波及効果は累積で5兆６０００万円にのぼると見込まれています。

ちなみに、旅行口コミサイト「トリップアドバイザー」では、世界中の旅行者が投稿した口コミ評価に基づいて、ランキングを発表していますが、「2017年の日本のテーマパーク トップ10」で、USJが東京ディズニーランドと東京ディズニーシーを抜いて、トップにランクインしました！ディズニーランドと同じように、USJは1回行けば満足というスポットではなく、繰り返し行きたいと思う場所として、リピート客の心をつかむことに成功したようです。入場券を値上げした後も入場者数は伸び続け、2016年時点で1460万人が訪れました。

考えてみると、大阪の心斎橋や難波は京都のように古い神社仏閣がたくさんあるわけでもないのに、年間で700万人以上の観光客が足を運びます。梅田にも500万人が訪れるので、そこにテーマパークやイベントが合わされば、さらに多くの人を呼び込める可能性があると思います。

人気の高いUSJ

● 日本のテーマパークランキング

順位	テーマパーク名
1位	ユニバーサル・スタジオ・ジャパン／大阪府大阪市
2位	東京ディズニーシー／千葉県浦安市
3位	東京ディズニーランド／千葉県浦安市
4位	アドベンチャーワールド／和歌山県白浜町
5位	ナガシマスパーランド／三重県桑名市
6位	富士急ハイランド／山梨県富士吉田市
7位	東京ワンピースタワー／東京都港区
8位	メガウェブ／東京都江東区
9位	天橋立ビューランド／京都府宮津市
10位	江戸ワンダーランド 日光江戸村／栃木県日光市

● アジアのテーマパークランキング

順位	テーマパーク名
1位	ユニバーサル・スタジオ・シンガポール／シンガポール
2位	香港ディズニーランド／香港
3位	ユニバーサル・スタジオ・ジャパン／日本
4位	東京ディズニーシー／日本
5位	東京ディズニーランド／日本
6位	ラモジ・フィルム・シティー／インド
7位	ワンダーラ・アミューズメントパーク／インド
8位	アドベンチャーワールド／日本
9位	ヴィンパール・アミューズメントパーク／ベトナム
10位	エバーランド／韓国

出所：2018年・TripAdvisor発表資料より

空港や他の都市へのアクセスがますます便利に！

大阪はこれまでも交通の便は良かったのですが、アクセスや利便性がますます良くなる計画が目白押しです。

まず「うめきた開発」によりＪＲ東海道支線が大阪駅寄りに移設・地下化され、２０２３年に新しく北梅田駅（仮称）が設置される予定です。

この新駅には、関西国際空からこのエリアを素通りして、新大阪、京都、米原まで結ぶ特急「はるか」や、京都・大阪から和歌山県の白浜駅・新宮駅までを結ぶ「くろしお」が停車することになっています。つまり、空港から乗り替えなしに、オフィスエリアや繁華街に直行したり、観光地に向かったりできるようになります。

路線が地下に移れば、これまで「開かずの踏切」だった箇所がなくなり、渋滞緩和にも役立つはずです。鉄道で分断されていたうめきたと福島区がつながると、人の往来が変わり、街の発展にもつながると期待されています。

それから、リニア中央新幹線の計画もあります。リニア新幹線はもともと２０２７年に東京（品川）・名古屋間が開通し、45年に大阪まで伸びることになっていました。しかし、大阪までの延伸工事が前倒しで着工され、37年開業を目指すという発表があったのです。

リニア新幹線が開通して、東京から大阪まで1時間で移動できるようになれば、飛行機で移動するよりもはるかに便利になります。大阪に本拠地を構えたり、本社機能を置こうとする企業も増えるでしょう。そうなれば雇用が生まれ、働く人やその家族の住む場所も必要になります。住宅需要がますます高まるはずです。

そのほか、２０４６年に北陸新幹線が大阪まで伸びるという計画もあります。新幹線が止まるだけの駅だった新大阪駅ですが、これに伴い周辺の再開発を求める動きも出てきています。

大阪の競争力を強化するためにも、さまざまな都市とのアクセスが良くなることは大切であり、一連の計画がどんどん前倒しで進んでいくことを願っています。

大阪メトロの延伸・乗り入れでマイナーだったエリアが変わる

2018年4月に大阪市営地下鉄が民営化され、「大阪メトロ」と呼ばれるようになりました。東京であれば都の行政決定に沿って市区町村も動きますが、大阪では不思議なことに、大阪府と大阪市がそれぞれ独自の権限を持つ二重行政の構造になっています。このため、さまざまな再開発計画が持ち上がっても、府と市の足並みが揃わず、中断してしまうことが多かったのです。

現在は、大阪府知事と大阪市長が連携を図るようになり、大きな改革がスピーディーに進められるようになりました。その象徴的な事例の1つが、地下鉄の民営化です。

大阪メトロは、埋立地を走る南港ポートタウン線（ニュートラム）を含めて9路線、1日平均245万人が利用します。大阪市高速電気軌道が運営するようになったことで、民間の発想を生かして、駅構内や地下街の商業施設の拡充など、サービスの向上

長期ビジョンで進む新大阪周辺開発

関西主要インフラ整備計画・主要イベント（想定）		新大阪周辺エリア都市機能強化（JAPIC 提言）	
2024年	うめきた２期		
2025年	大阪万博		新淀川第２大橋
	統合型リゾート（IR）		新御堂筋バイパス一期
～	大阪湾岸線西伸部	～	新大阪バスターミナル
	淀川左岸線延伸部		新大阪駅周辺エリア開発一期
2031年	なにわ筋線		
～	阪急新大阪連絡線		
2037年	リニア中央新幹線大阪延伸	2037年	
		2038年	
		～	新御堂筋バイパス二期
			新大阪駅周辺リア開発二期
2046年	北陸新幹線大阪延伸	2046年	

出所：日本プロジェクト産業協議会（JAPIC）関西委員会
「新大阪駅周辺エリアの都市機能強化の提言」

や事業の多角化が進むだろうと期待されています。

東京でも、新しい路線や接続が増えることで、これまでは不便だった場所が急に便利になったり、人の流れが大きく変わったりすることがあると思います。大阪の地下鉄も民営化によって、他社との連携、相互乗り入れなど新たな動きをとりやすくなったので、街を変える大きな起爆剤になっていくはずです。


ところで、私が大阪に来て驚いたのが、大阪ではＪＲの人気が低く、地下鉄や私鉄のほうが好まれることです。東京にいたときには、ＪＲ山手線や中央線と、地下鉄や私鉄を組み合わせて移動していました。

ＪＲが利用しにくいのは、相互乗り入れが少ないことも一因だと思います。たとえば、関空から移動しようと思ったときに、大阪駅付近までの所要時間はＪＲで約68分。南海電鉄で約56分。難波などに行きたいときには、わざわざ地下鉄に乗り換えなくてはなりません。このため、リピートで訪れた外国人客は関空からＪＲに乗り、大阪の真ん中は素通りして、他の都市に直接向かってしまうことも多かったのです。

２０２３年春に開業される北梅田駅が利用できるようになれば、関空から北梅田までＪＲで51分に短縮されます。それから、なにわ筋線が２０３１年に開業されれば、関空から梅田まで30分程度と、最短ルートで移動できるようになります。さらに、ＪＲ、南海電鉄、阪急電鉄などとの乗り入れも予定されています。

鉄道がつながって、乗り換えなしで行ける範囲が増えることは、マンション需要に大きな影響を及ぼします。穴場だったエリアが脚光を浴び、物件価値が上がるきっかけになる可能性もあるのです。たとえば、東京では以前、豊島区の南長崎と要町と椎名町はそれほど注目されないエリアでした。ところが、西武池袋線、東京メトロ、東武線、東急・横浜高速鉄道の相互乗り入れが決まると、利便性が高くなったことが好感され、ワンルームの需要や供給が激増したのです。

余談ですが、なにわ筋線の構想は、なんと１９８０年代からあったそうです。けれども、バブルが崩壊し、景気が悪くなったため、事業費を捻出できなくなり、計画は頓挫しました。その後、橋下徹氏が２００８年に大阪府知事に就任したときに、建設に向けた議論が再開されたのです。

都市づくりには、長期的な視点が必要です。大阪維新の会を中心に、未来志向の都市づくりが加速していると感じられます。大阪の発展には、良い傾向だと思います。

キタとミナミだけではない！東西にも商圏が広がった

大阪はこれまで梅田周辺の「キタ」と難波周辺の「ミナミ」が中心となってきましたが、今後は「東西」への商圏の広がりも期待できます。

私が特に注目しているのが、東西を結ぶ大阪メトロ「長堀鶴見緑地線」です。1990年に国際花と緑の博覧会（花博）の開催に合わせて、一番新しく開設された路線です。駅前の空き地を利用して、東側の鶴見緑地と西側のドーム前千代崎駅前にイオンモールができたことで、人の流れが一気に変わりました。

大阪市はベイエリアを成長戦略拠点特区として位置づけています。鶴浜に新設された家具チェーンのイケア大阪本店と東京インテリアをはじめとして、今後もベイエリアに大型商業施設が増えてくるはずです。これも東西を広げる大きな要因となると見ています。

発展する大阪ベイエリア

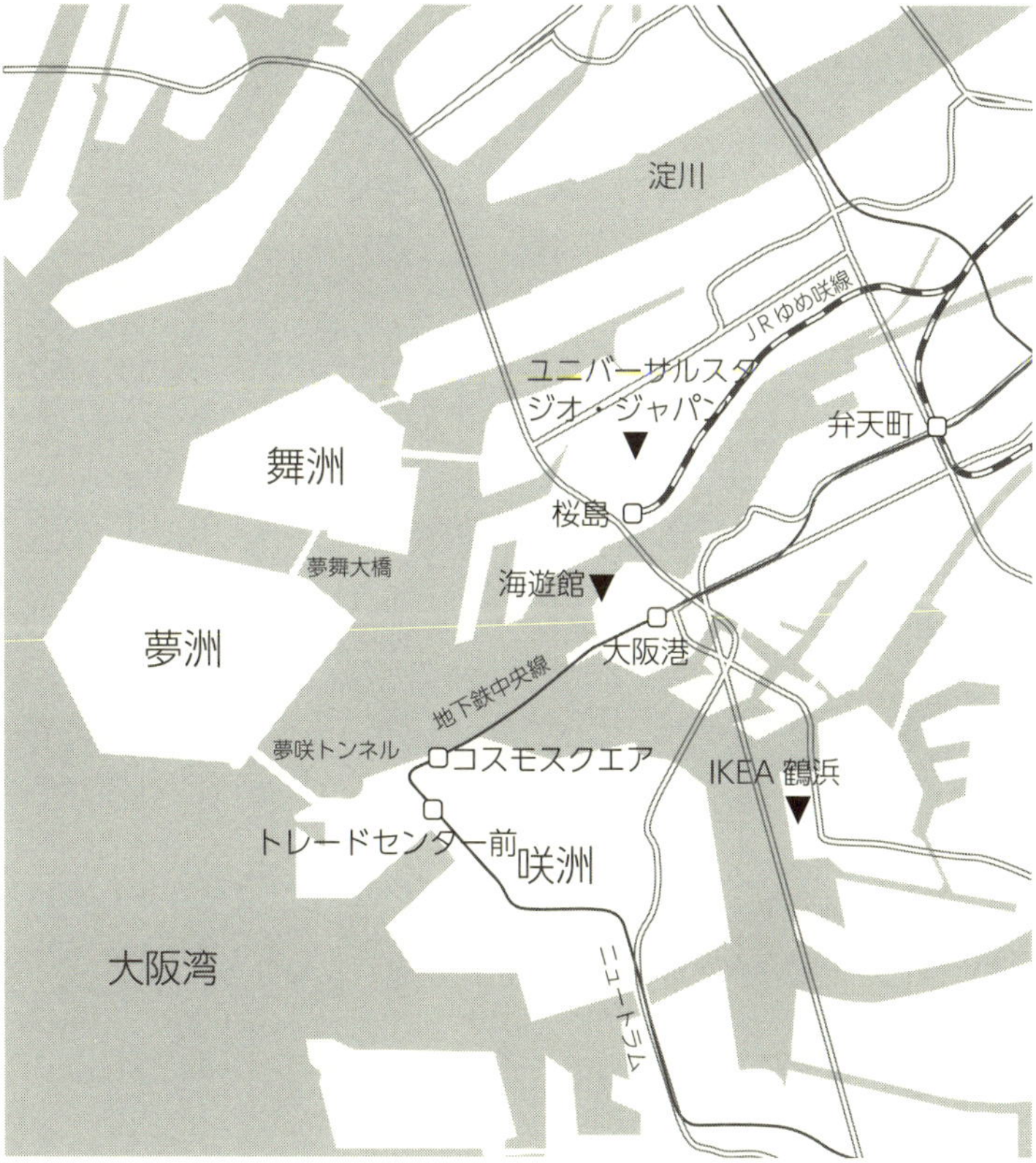

同じくベイエリアにある夢洲《ゆめしま》では、カジノを含むＩＲ（統合型リゾート）や国際万国博覧会の誘致活動が注力されています。夢洲はもともと大阪オリンピックの会場や選手村の用地として利用する予定でしたが、オリンピックの誘致に失敗し、大きな空き地となっていたのです。これをうまく使おうというのです。

また、既に開通している夢咲トンネルを経由して、メトロ中央線のコスモスクエア駅から夢洲を結ぶ延伸計画も検討されています。現状では、ところどころ途切れてバスなどを利用しなくてはならなかったりしますが、延伸計画が進んで路線がつながれば、もっと便利になるはずです。

カジノ法案成立がもたらすもの

２０１８年7月20日、「カジノを含む統合型リゾート（ＩＲ）実施法案」（いわゆるカジノ法案）が、参議院本会議で可決され、成立しました。

前述のインバウンド需要の高まりからもわかるように、海外からの観光客需要は、日本経済に大きな影響を与えています。経済活性化のために、今後海外からの観光客増加に向けたインフラ整備を国家戦略として推し進めようと政府は考えています。法案では、全国3箇所を認定することになっていますが、大阪も誘致に名乗りを上げており、有力候補地となっています。

カジノは、以前から「ギャンブル依存症を助長する」「マネーロンダリングの温床となる」などの問題点も指摘されており、賛否両論がありますが、今回の法案にはそのあたりの懸念を防止するための規制が盛り込まれています。ユニバーサルスタジオ・ジャパン（ＵＳＪ）をはじめとした観光都市として既に世界的にも認知を広げ始めている大阪が、さらにカジノ機能を加えるようなことになれば、統合型リゾートとしての魅力はますます高まることになります。

仮に誘致が実現すれば、年間1000万人の訪問が見込まれると言われています。また、たとえカジノや万博の誘致がうまくいかなかったとしても、埋立地には国際会議場をつくる計画があります。失敗したときに、次の使い途まで考えておくことは重要です。オリンピックのような一過性の大イベントよりも、様々なテーマのイベントを頻繁に仕掛けて、継続的に集客をかけるほうが、長期的には経済効果は大きくなるでしょう。

コンパクト都市だから少子高齢化も怖くない？

コンパクト都市とは、具体的にどのような街を指すのでしょうか。

各地でコンパクト都市と銘打って、いろいろな方向性で街づくりが進んでいるので、よくわからないと思う方もいるかもしれません。実際に、国や役所が打ち出している都市計画を見ると、「暮らしを大切にした街」「水と緑のある街」、「高齢者とともに暮らせる街」「世界各国から外国人が集まって来る街」「海と緑の奏でるハーモニー」「健康でやさしさのあふれる街」など、テーマは多岐にわたります。あるテーマに沿って1つの街全体に必要なものがすべて整っているのが、コンパクト都市だと、私は解釈しています。

明確なテーマがあって、それに合わせて企業や商業施設、研究施設、そこで働く人たちや学ぶ人たちが集まって来ると、その人たちが住む場所、身の回りの買い物をする場所が必要になります。もちろん雇用も増えます。過疎地では人口減少でマンション需要は落ちる一方だったとしても、コンパクト都市ではワンルームマンションの需要が安定的になると考えられるのは、こうした理由があるからです。

特に、大阪の西区、中央区、北区の3つは、日本有数の人口増加エリアです。これはコンパクト都市構想を背景に、人口増、雇用増となっているからです。

もちろん、そうはいっても将来的に少子化により、単身者用マンションの需要も減っていくとする見方もあります。厚生労働省の平成27年度の人口動態データで平均の初婚年齢を見ると、東京で男性が32・4歳、女性が30・5歳。大阪でも男性31・1歳、女性29・6歳。ここから、18歳で上京や来阪してから約12年は1人暮らしをする期間があることがわかります。たとえ人口が減って全体の需要は減ったとしても、住む期間は長くなっているので、都心部に限って言えば、単身者用マンションの需要はむしろ高まるのではないかと、私は読んでいます。

中国の投資家も東京から大阪にシフト

台湾、上海、香港など海外物件に投資した場合、台北では利回りは１・８９％、香港でも２％前半。返済額は東京の倍になります。このため目ざとい海外の投資家は東京よりも安い大阪に目を向け始めつつあります。当社にも海外販売部隊があるのですが、台湾や中国からの問い合わせが急増中で、昨年の年間売上の８％は海外のお客様が占めました。

ちなみに、中国の土地は国家のものなので、分譲マンションを買った場合も、自分のものではなく定期借地権付きということになります。政治家がいつ方針変更をするかわからないので、他国に自分の資産を持とうとする動きがあるため、それを食い止めようと、中国政府は規制を設けています。現在、５万ドル以上の資金を国外に持ち出そうとすると、用途について徹底的な説明責任を求められるのです。

こうした規制を潜り抜けるため、香港やシンガポール経由、日本の法人企業経由でお金を集めて、現金で購入する中国の方も多いのです。資金移動が難しいため、人気のある高額のタワーマンションは買えず、もっと手頃で低額なワンルームに注目が集まっているという側面もあります。こうした動向は、オリンピック開催が決まってからじわじわと出始め、ピークアウトした東京の物件を売却して、利益を確定し、大阪の物件を買い替える動きも出てきています。

不動産投資は国内のことだと考えがちですが、案外、海外動向が関係してくるものなのです。

第１章のまとめ

この章では、大阪という都市の魅力とポテンシャルについて紹介しました。

●東京都心部の不動産投資は過熱気味なのに対し、まだまだ成長過程にある大阪都市圏は、良質な物件が適正価格で見つかるが可能性があります。

●関西を訪れる訪日外国人客（インバウンド）は既に１１００万人を超え、それに合わせて交通機関などのインフラ整備、宿泊施設や商業施設なども拡充。国内外の多くの観光客が足を運ぶユニバーサル・スタジオ・ジャパン（ＵＳＪ）などもあり、観光地としての魅力も備えています。

●大阪府と大阪市の連携により改革のスピードが上がり、新しい街づくりが加速中です。

梅田、中之島、難波・心斎橋などの多数のエリアで再開発プロジェクトが進行し、産業集積地を生み出す構想なども前進しています。

●ベイエリアの開発により、東西にも商圏が広がりつつあります。

●関西国際空港や地下鉄などの民営化により、鉄道各線の相互乗り入れなどの動きが活発化しています。将来的には、リニア中央新幹線や北陸新幹線の延伸などの計画があり、さらにアクセスや利便性が高まることが期待されます。

●都市としての成長性が評価され、海外の不動産投資家も大阪に熱い視線を注ぐようになっています。

新しいものが次々と生まれ、活気のある場所には、様々なビジネスチャンスが広がります。そして、働く場が増えれば、就業者やその家族を引きつけ、居住ニーズも高まります。まさに、大阪は不動産投資について追い風の状況にあるのです。

第2章

大阪ワンルームマンション投資だからできる「ローリスク・ロングリターン」の資産運用

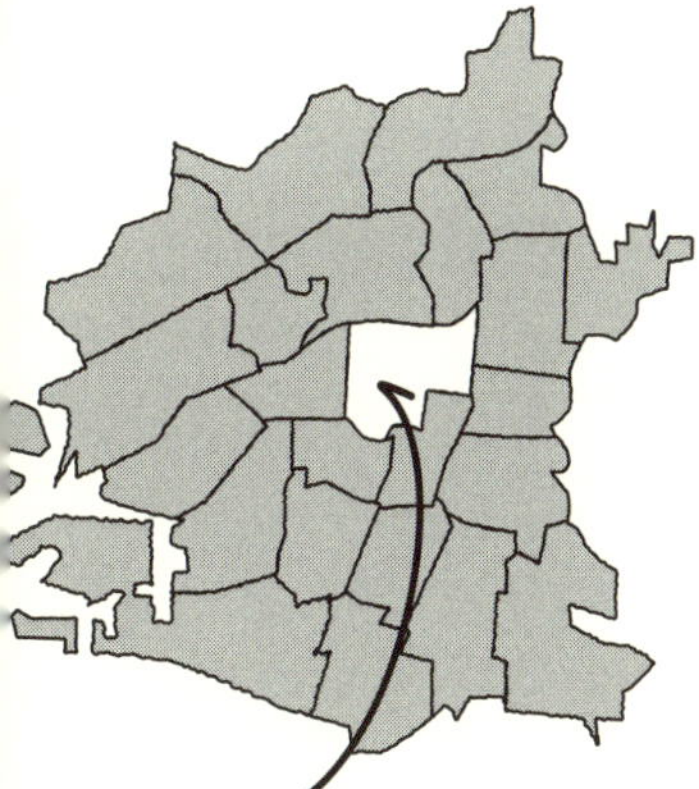

中央区
大阪市のど真ん中に位置し、大阪城や繁華街「難波」がある。区の大部分をオフィス街と官庁街が占め、大阪府庁も置かれている。バブル崩壊後、オフィス跡地に居住用マンションが建設されるようになり、居住人口が増加している。

一番信仰を捨てましょう

1番には注目が集まるのに、2番目は見過ごされる――これが世の常であるようです。

たとえば、「富士山の次に高い山はどこか」、「信濃川の次に長い川はどこか」と聞かれたときに、おそらく答えられない人のほうが多いのではないでしょうか。

私が投資マンションの営業をしていて強く感じるのは、「この会社やプロの人が言うから間違いない」と、誰かに頼りきりになる投資家が意外に多いことです。長いものには巻かれろとばかりに、皆が1番と言っているならいいだろうと、1番のものに飛びつきます。そうすると競合が多くなり、1番はレッドオーシャンになってしまうのです。

1番の東京では、いい物件を探し出すのは難しいうえ、落とし穴がたくさんあります。たとえば、金融機関がきちんと審査しないで安易に融資を出すような事件が起こっていますが、そういう例が増えれば、必ずどこかで破綻します。

その点、2番目はどうしても下に見られがちですが、3番以下よりも実力がありま す。2番手に注目してみれば、意外にブルーオーシャンかもしれません。評判を鵜呑みにしないで、一から研究することで、掘り出し物が見つかる可能性があります。そういう瞬間は、この仕事をやっていて楽しいところです。

それを味わうためには、ブームに乗っかるのではなく、全体を俯瞰して見ることです。2番や3番を見たうえで、1番がいいと思うか。それでも、2番でもいいとするのか。富士山の次に高い山を検索するのと同じように、2番手以下は、自分の手で調べなくてはならないことも多いはずです。

不動産は、他の金融商品と比べて流動性が低く、買ったらすぐ売れないこともあります。すぐに転売しにくく、ほぼ一生つき合っていくのですから、安易に買うのはお薦めではありません。もちろん買った後はどう処分しようと自由ですが、買うのを焦りすぎている人が多い印象を受けます。選ぶプロセスに全力を注いで、自分なりにじっくりと調べて、納得性や正当性を見出してから投資をするほうがいいと思います。

東京1物件分で、大阪の2物件に投資できる

年収の数倍以上の金額を投資する場合、若年層にとっても、それ以外の年齢の方にとっても、不動産投資を始めやすいのは、東京の物件ではありません。

投資をするときには、過去のデータを見て検討する人が多いと思います。そして、過去に値上がりしていて、今後も上がりそうだと思えば、みんなが飛びつくわけです。

東京はオリンピック開催もあって極端に値上がりしています。たとえば14年前に、麻布十番の1720万円の新築ワンルームが今では3000万～4000万円に跳ね上がっています。東京23区内では、どれほど安くても2000万円台後半から3000万円弱がスタート地点。これでは、サラリーマンにはちょっと高すぎて、ローン返済の責任が持てないという印象を持ちます。

これに対して、大阪の不動産動向を見ると、新築ワンルームが1700万～2000万円で売り出されていた頃から、15年経った今でも300万円くらいしか上

がっていません。東京で１物件買う予算で、大阪ならば２０００万円弱の物件が２物件買えるわけです。

仮に40歳のときにローンで２物件を購入し、20～25年後に退職時の残債が１０００万円程度になっていれば、退職金で一括返済して、２物件分の家賃収入十数万円が毎月の収入として得られます。そうすれば生活は安定しますし、熟年離婚も減るだろうなと思ったりもします。

計画性を持って、身の丈に合った範囲内で、責任を持って不動産投資を楽しむのであれば、少なくとも現時点では、東京よりも大阪のほうが確実にリスクは低いと思います。

手堅い物件を探すなら5区（北区、中央区、福島区、西区、浪速区）

不動産屋が提供する物件購入時のシミュレーション・データを見ると、サラリーマンでも投資のハードルはそれほど高くないと思うかもしれません。ただし、投資を成功させるためには、重要な条件があります。それは、好立地の物件で、家賃があまり下がらないこと。この条件を満たしていない物件に投資すると、見込み違いが生じて、大赤字にもなりかねません。

どの立地を選ぶかが、きわめて重要なわけですが、「大阪でここなら大丈夫」と私が自信を持ってお薦めできるエリアがあります。それは北区、中央区、福島区、西区、浪速区の5つです。

ここが鉄板だと思う理由は、交通の便が良く、かつ、出回っている物件数が比較的少ない。つまり、家賃が下がりにくいと見込まれるからです。

筆者がお薦めする大阪市「5区」

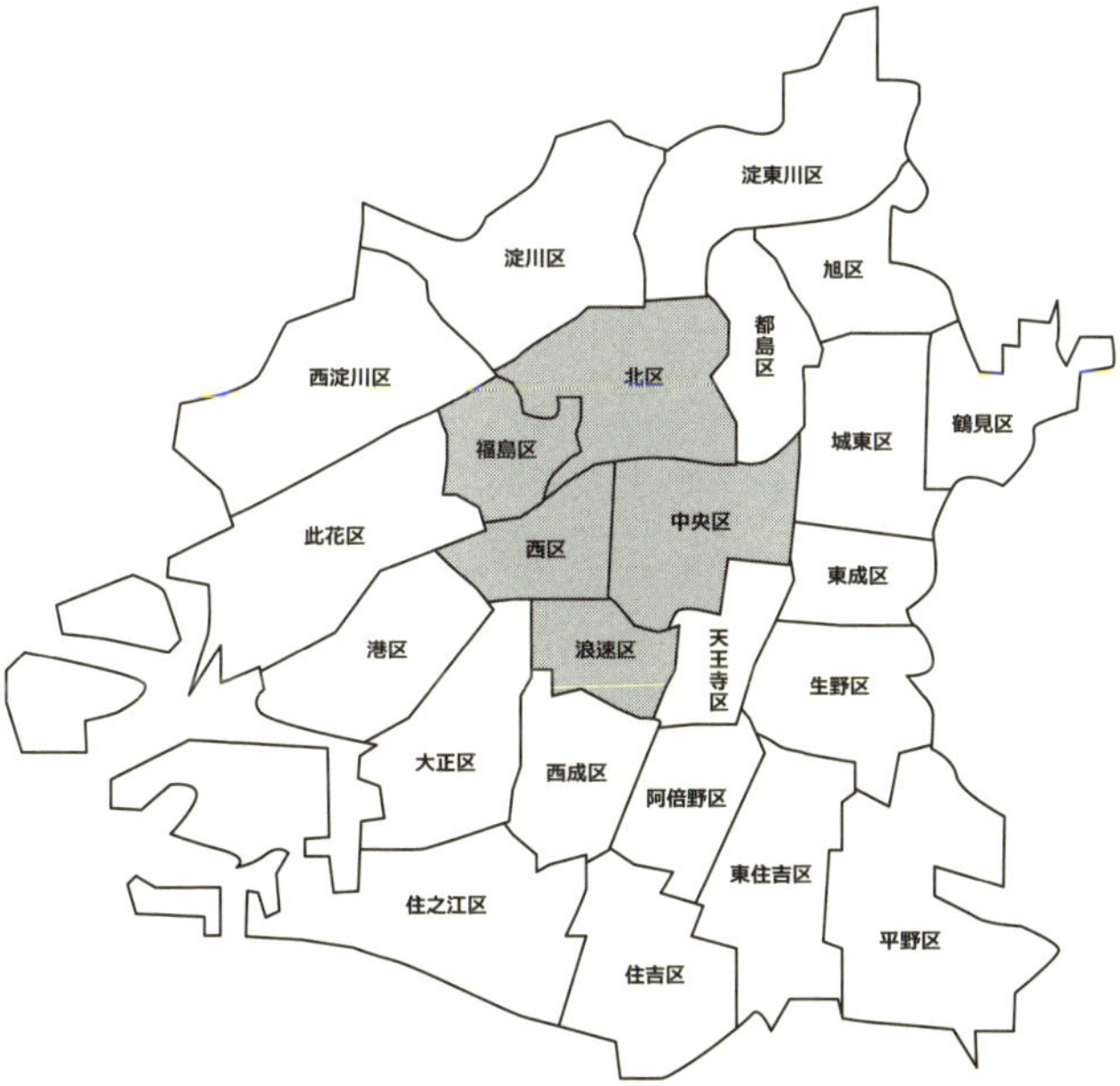

週刊ダイヤモンド誌別冊の「伸びる街ランキング」は、5年前と比較して人口の増加状況や転入・流出がどれだけあるかで街の勢いを見たものですが、大阪市中央区が第3位、西区が4位。それから、地価や世帯収入、自治体の財政力、事業所や従業員の数、住宅着工件数などを使って「活力指数」でも、大阪市北区がトップ5に入っています。

開発が進むときに、どんどんエリアを肥大化させるパターンと、周りから挟み撃ちで進行していくパターンがあります。たとえば、街の両脇にイオンモールが設置されたりすると、その間の開発がどんどん進みます。一方、天王寺のように、あべのハルカスが1つだけポツンとできただけでは、周辺の開発にあまり波及していかないこともあります。

その意味では、北区の中で現在開発が進んでいる7丁目、8丁目の物件はまさに挟み撃ちの状況です。私が大阪に来て一番に感じたのは北区に住宅が極端に少ないことでしたが、だからこそ希少性もあって、特に狙い目だと思います。今後、再開発が始まれば、もっと都市部の住宅需要が増えていく可能性があります。

街のイメージは変わっても、利便性は変わらない

不動産価格が下がりにくく、資産を生み続ける物件が得られるエリアはどこにあるのか。１つのデータとして参考になるのが、戦後から今までの超長期にわたる人口推移のマップです。どこに人が集まったのかを見ていくと、東京では山手線内が中心です。その中で増減はありますが、常にトレンドは山手線近辺なので、そこに近い場所であればまず間違いないと言えます。関西では、おそらくそういう路線が御堂筋線と中央線になると思うのです。

その一方で、関西の人は「この場所は嫌だ」という固定観念がかなり明確です。たとえば、街の中心部でも、西中島南方駅や十三駅、島之内、大国町などは、繁華街の隣町につきもののダークなイメージのせいで敬遠されます。

しかし、そうしたマイナスのイメージは案外、変えられるものです。たとえば、東

京の田町や品川の東側など、人気のある地域とは言えませんでした。けれども、再開発が行われると、都会の便利な場所と受け止められるようになっています。

不動産は読んで字のごとく、動かせないものです。したがって、利便性は変えられないのですが、イメージそのものは変えられるというのが、私の持論です。

不動産は今の状態ではなく、未来を買うものです。だからこそ、路線の将来性や街の発展性に目を向けることが重要です。今は人気がないエリアでも、何かのきっかけがあれば、大化けする可能性もあります。

関西の人に私がそう言っても、みんな首をかしげていましたが、最近、大国町や島之内が変わり始めているのを見て、だんだんと信じてくれる人も増えてきました。

穴場狙いでいくなら淀川区?

容積率の緩和制度により、御堂筋や堺筋沿いに高いビルが建てられるようになったことで、日本生命など余裕のある民間企業がビルの建て替えに乗り出しました。そうやって表玄関が変わると、その裏にも次々とビルが建っていきます。心斎橋エリアでは続々とタワーマンションが出現しています。

私もかつてタワーマンションに住んだことがあります。考えてみると、タワーマンション1棟で700世帯が住む——1戸建てが700軒あるとすれば、1つの街が出現するのと同じで、経済的インパクトは莫大です。人が増えれば、周囲に飲食店、出前のお弁当屋、ファストフード店などが次々と建ち始めます。

特に、淀川区の西中島南方、十三、塚本エリアには、ラーメン、焼き鳥、小料理屋など、大阪の名だたる食べ物が網羅されているので、1人暮らしの男性サラリーマンには住みやすく、絶好の穴場だと思います。北区の中津もビジネスマンにとってアクセスの良いエリアですが、住みやすさの点ではまだ開発途上のようです。

西中島南方から梅田、新大阪までのエリアは、今まで見過ごされてきましたが、再開発が進んでいるので価格が急上昇しています。新幹線「のぞみ」が停車する駅のうち、京都、新神戸、新大阪は駅前開発が遅れてきたのですが、人が集まって、立ち寄るのに手薄なのはもったいないと、京都と新大阪は開発が進行中です。

阪急電鉄では、伊丹空港から北梅田まで直通で結ぶ路線や、十三駅からJR新大阪まで結ぶ路線などの新規開発を計画しており、こうした動きも注目されます。

新大阪の注目度が上がれば上がるほど、または梅田が肥大化すればするほど、そこに近い西中島南方や中津では1人暮らし用の需要が爆発的に増えていきます。なお、淀川区は私が太鼓判を押した鉄板5区に含まれていませんが、その分、少なくとも現時点では地価がまだ安くて供給が見込めるエリアとも言えそうです。

これから狙い目の淀川区

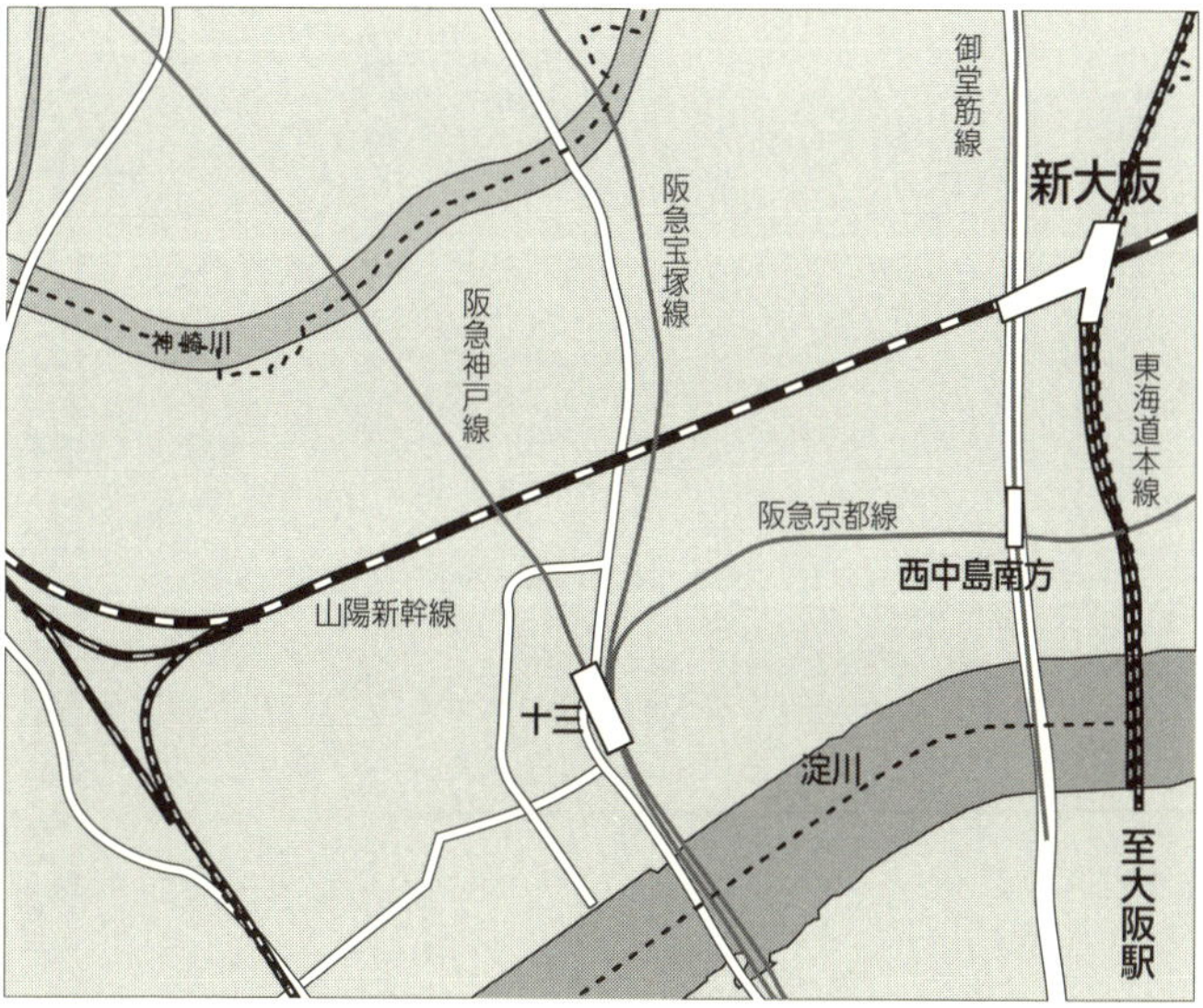

ワンルームのメリットは回転率の高さにある

不動産投資の対象は、ワンルームマンション、ファミリー向けマンションなどいろいろとありますが、私がお薦めするのは都心部のワンルーム物件です。

ファミリー向けマンションと比べてワンルームの最大のメリットは、回転率が高いところです。投資として回していくのですから、入居者が出ていったら、すぐに新しい人に入るのが好ましい状態です。同じ人がずっと長く住み続けて、内部の老朽化が進むよりも、どんどん回転して原状回復をして設備の手入れをしたほうが、きれいな状態で維持できます。

当社で管理している物件の場合、だいたい3年~6年で入れ替わります。そうやって回転すれば、礼金収入を得られるうえ、その都度、敷金を集められれば、修繕費も賄えます。

ファミリー向けマンションの回転率がなぜ悪いかというと、部屋を決める決裁者が

ワンループタイプのメリット

メリット１

回転率が高い

ファミリータイプの場合、家庭の事情で長期居住のケースが多く、回転率は低くなる。回転率が高いほうが、設備のメンテナンスも頻繁に行え、物件の品質を維持しやすい。

メリット２

借主の目的が明確

たとえば単身赴任などで借りることが確定している場合、通勤に便利な地域優先で、その他の条件に目をつむる傾向もある。

メリット３

入居が早く決まる

家族の場合、子供の教育環境なども考慮しないといけないので、世帯主の一存で決められない場合がある。単身者の場合なら、１人で決まる。

メリット４

SOHOなどの需要も見込める

スタートアップ起業が増え、最初の拠点として利用するケースも増えている。

4~5人いるからです。お父さんにとって利便性が良くても、子育ての環境には良くないと思えば、お母さんは首を縦に振りません。子どもの学校が遠くても駄目ですし、近くに病院があったほうがいい、公園もほしい、スーパーもなければならない。そうなると、都心よりも郊外の方がいいかもしれない。そうやって、みんなの希望する条件を満たそうとすると、簡単に引っ越しができないし、都心部よりも郊外の物件のほうが適しているのです。

都心部のワンルームの場合、借りる人に明確な目的があります。たとえば、単身赴任のサラリーマンであれば、自分の仕事に便利な場所が第一と考え、その目的のために一定期間、間借りするなら、環境面で多少難があっても目をつむってくれるかもしれません。また、決裁者は1人なので、早く決まるのもいいところです。特に、企業は最近、社宅を持たなくなっているため、住居の確保は単身者にとって切実な問題です。そのほか、SOHO（スモールオフィス・ホームオフィス）やオフィスを持たない小規模事業者などの利用も見込めます。

ワンルームVSファミリー向けマンション収益率はどちらが高い？

ファミリー向けマンションに投資する場合と比べると、ワンルームは基本的に割高です。たとえば、大阪では25平米のワンルームは１７００万円くらいしますが、70平米のファミリー向けマンションであれば３０００万円くらいで買えます。

ワンルームでも、トイレやバスなど必要な設備は変わらないので、その分、居住スペースがとれなくなります。また、管理委託費などは物件単位で同じようにかかります。したがって、広さの観点でいくと、ワンルームは割に合わないと思ってしまうのは無理もないと思います。

実際に、なぜそんなに割高なのかとお客様から質問を受けることはよくありますし、どうせ買うなら居住スペースの広いファミリー向けマンションがいいという方もたまにいらっしゃいます。これは、自分で住む状況をイメージしているからでしょう。

しかし、これは考え方次第で、平米当たり家賃収入の点では効率が良いとも言えます。たとえば、25平米のワンルームの家賃が7万円として、75平米のファミリー向けは3倍広いから、家賃も3倍とはなりません。貸す商品として考えれば、ワンルームのほうが面積当たり収益率は高いのです。

それから、会社勤めの単身者が部屋で過ごすのは夜だけですが、家族で暮らす場合、奥さんや子どもは昼間もずっと家にいるかもしれません。その結果、違いが出てくるのはエアコンや給湯器などの設備稼働率です。ワンルームに住む人なら1、2回スイッチを入れるところを、家族で使えば十数回というように、使用頻度が高く、設備の老朽化がかなり速いのです。その結果、ファミリータイプとワンルームではランニングコストに違いが出てきます。

こうした点を考えても、都心の好立地で、入居者を探しやすく、家賃も下がりにくいワンルームのほうが、サラリーマンの投資対象には適していると思います。

ファミリータイプは投資に不向き?

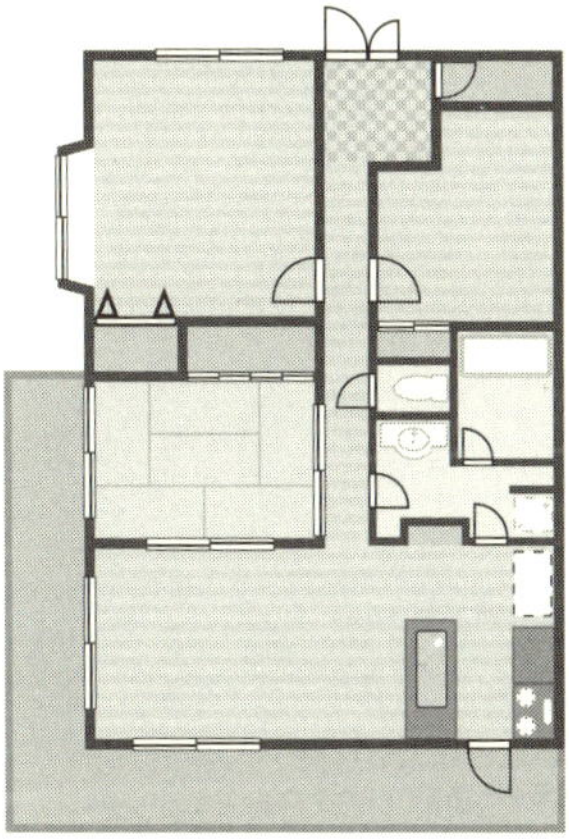

ファミリータイプが収益率を下げる要因

・面積当たりの家賃は、ワンルームタイプに比べると割安となる。

・面積当たりの購入価格はワンルームタイプよりも安いが、入居者がつく条件を備える物件は人気が集まり、それなりに割高となる。

・日中も家にいることが想定されるファミリータイプでは、設備の使用頻度が高くなり、老朽化も進むので、ランニングコストが割高となる。

↓

結果、ワンルームタイプのほうが、面積当たり収益は高くなる！

ワンルームの借り手は4カテゴリー+独居老人

賃貸用のワンルームマンションに誰が住むかというと、大きく4つのカテゴリーに分けられます。社会人、学生、企業の社宅、マンスリーやウィークリーなど短期賃貸です。そして、この4つに対して需要があるのは、やはり都心部でしょう。最近は郊外で民泊としての利用が増えたこともあり、都心の物件を求める人も増えています。

さらに将来を見通すと、熟年層も非常に多いので、独居老人の利用も増えることが考えられます。それを見越して、初めから車椅子でも行き来できるような、バリアフリーやユニバーサルデザインを意識したつくりにするデベロッパーもいます。

晩婚化が進み、生涯未婚率も高いうえ、離婚したときに婚姻期間中の厚生年金（標準報酬月額・標準賞与額）を分割できる年金分割制度が導入されて以降、熟年離婚も増えています。地域のコミュニティに積極的に参画したり、配偶者と共通の趣味を持ったりと、日常生活のベースをきちんと築いておかないと、将来、孤独な状況になるかもしれないと、私自身も心配になったりします。もしも1人になったときに、田舎に住んでも仕方がないから、便利な都市部で暮らそうと考えるかもしれないとも思うのです。

それから、このところ社宅は減少傾向にあります。これは、余計な不動資産は維持費も高く、企業の財務的観点からも、社宅を持つよりも借りたほうがいいという方針に変わってきたからです。社宅用として貸し出せれば、オーナーとしては願ったりかなったりです。というのは、家主にとって一番困るのは、身元保証の怪しい人が借りて、家賃を延滞したり、問題を起こしたりすること。管理会社などが審査や家賃保証をするサービスも行っていますが、会社が身元を保証し、さらに3割負担など経済面のサポートもしてくれるならば、家主は安心して貸し出すことができます。

ただし、会社が社宅の借り上げやマンスリー契約をする場合には、単に利便性だけでは選ばれないこともあります。福利厚生の一環として、住環境の良さやセキュリティなども要求されるので、それを満たせる物件を保有することが条件となるからです。

いずれにせよ、いろいろ追い風となる状況もあるので、空き家や住宅供給過多の問題が深刻化する地域が出てきても、都市部の単身者用マンションの需要はまだ減退しないだろうと、私は考えています。

1棟買いはサラリーマンには荷が重い？

部屋単位で投資をするのではなく、アパートやマンションなどの1棟物に投資したほうがいいと勧めている不動産投資の本もあります。

1棟物であれば、建物の修繕など維持管理など、すべて自分の一存で決められるというメリットがある反面、それなりに資金力が求められます。日々の管理や運営などは管理会社に委託できますが、何かあれば細々としたことも含めてオーナーが逐一判断しなくてはならないので、一般のサラリーマンには少し荷が重いのではないでしょうか。

最近、スルガ銀行のシェアハウス向け融資や東日本銀行の不適切融資などが問題となりましたが、銀行の審査を通ったから資金計画は安心だと考えるのは危険です。

私の個人的な経験から言うと、投資用マンションを買う人は、そこまで不動産好きではありません。不動産投資で自分の生活が少し豊かになればいい、あるいは、年金

1棟物のメリット・デメリット

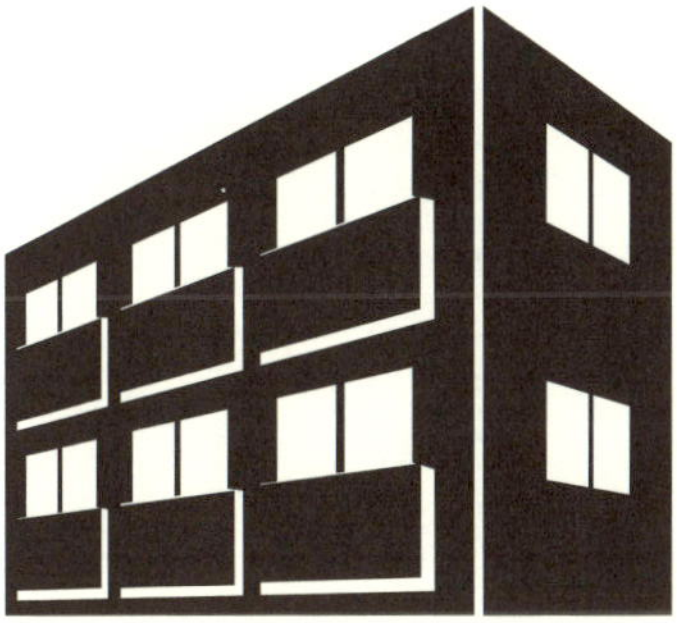

メリット

・自分の裁量でマンション維持管理を計画することができる。
・資産評価として銀行の評価が高くなる。

デメリット

・購入金額が高く、簡単に手を出せるものではない。
・大規模修繕などの管理責任を一手に背負うことになる。
・資産としての流動性が低い。

対策の1つの手段になればいいくらいの位置づけです。会社勤めが主体であれば、確定申告の時も白色申告で損益通算をすればいいので、手続きは比較的簡単です。当社でも行っているように、アフターサービスとしてサポートや相談に乗ってくれる不動産会社も多いはずです。

それに対して、1棟物を買う人は不動産でしっかりと収入を得て、資産を形成しようという本格派が多いように感じます。副収入が少しでもあればいいというよりも、本業に近い意識を持っています。それなりに稼ぐ場合、確定申告は青色申告になるので、税務手続きも煩雑になります。それなりに時間や手間をかける部分も増えるのです。

現在は多種多様な不動産関連書が出版され、1棟物がいい、ワンルームがいいと、それぞれで薦める物件が異なるかもしれません。また、アパート経営だけでなく、駐車場やトランクルームなど、さまざまな土地活用を薦める本もあるでしょう。実際に、土地利用の選択肢は広がっていますが、これらも決して片手間にやって簡単に儲かるものではありません。

自分のライフスタイルや目的によっても、最適な不動産物件や土地活用は異なるので、ぜひ自分にとってベストなやり方を見つけていただければと思います。

新築物件VS中古物件
初心者には新築がお薦め

以前と比べて、だいぶ中古物件が流通するようになってきたので、新築物件か中古物件かで悩む方もいらっしゃると思います。

新築のメリットを考えてみたのですが、大きな背景からいくと、構造計算が偽装されていた姉歯問題、耐震や耐火ボード偽装の問題、さらに、地震が起きたときにエレベーターが止まるか止まらないかなど、建築業界でこれまで様々な問題が生じました。こうした事件が起こるたびに、規制などが見直され、よりクオリティーの高い物件が供給されるようになりました。新築はそうした諸問題をクリアしているという意味で、安心感があります。

一方、中古物件を見るときに難しいのは、単純に築年数だけで判断できないところです。すでに完成しているので、壁の中まで見ることはできません。特にバブル期までは、ワンルームは単に「投資用につくった箱」のような受け止め方がされていて、メンテナンスするものという意識は低かったような気がします。これからも長く今の状態を維持していけるかどうかの見極めは、プロでも簡単ではありません。ですから、素人目にその物件が安全かどうかなど、わかるはずがありません。

中古物件は管理方法によって、長持ちするかどうかが大きく変わります。昔はよく業界内で「マンションは『管理』を買いなさい」と言われたものですが、それはメンテナンス次第で価値が大きく変わるからです。たとえば、東京都庁は築30年以上ですが、メンテナンスが行き届いているので、とてもきれいです。一方、同じ築30年でも手入れがされていないマンションはボロボロだったりします。

マンションのクオリティーを維持して、入居者満足度を高め、収益性を高めていこうという「プロパティ・マネジメント」や「アセット・マネジメント」と呼ばれる考え方があり、現在ではそれが主流になりつつあります。当社でも、どのような入居者が、平均何年住み、築年数と原状回復費用がどのくらいかかり、固定資産税がどのくらいかというデータについて、物件ごとにすべて統計をとっていますが、中古物件であってもそういうデータも一緒に入手できれば、どのように管理されてきたかがわかるので、今後の持ち具合などを考えるときの参考になります。

ところで、良い中古物件を自分で探し出すのは、なかなか大変です。土地勘のない場所では、一からその土地について調べなくてはなりません。日頃からよく気を付けていないと、リサーチや分析に時間をかけている間に、良い物件はすぐに売れてしまいます。新築物件と違って、家賃保証がないことがあります。頭金を揃えたりお金を貸してくれる金融機関も自分で探さなくてはなりません。その意味で言うと、不動産はやはり気軽にポンと買える商材ではないのです。

あくまでも個人的な意見となりますが、サラリーマンが初めて投資する場合には、新築物件のほうがお薦めです。新築であれば資金計画が立てやすく、設備の状況も読めますし、余計な仲介手数料もかかりません。とはいえ、良い立地の中古物件は捨てがたく、ぜひ投資したいと思う場合には、自分だけの判断ではなく、少なくともプロの意見を聞いてみることをお薦めします。

コラム

プロパティ・マネジメント

2008年に、国土交通省が長期修繕計画のガイドラインを作成し、そうした計画が整備されていないマンションの販売を禁じる方向に舵を切りました。そのため、今では必ず長期修繕計画がつけられ、いつのタイミングで大規模、中規模、小規模の修繕を行い、そのためにどのくらいお金を積み立てて、支払いをするかが策定されています。

しかし、以前はそういうものがなかったため、修繕事項が発生するたびに、オーナーに資金の拠出を求めて管理組合の総会にかけていました。お金を払いたくない人がいれば修繕ができない、あるいは、修繕費を使い込むといった弊害が起こりやすかったのです。

このため、2008年以前に建てられた中古マンションについては、修繕計画があるか、計画があっても杜撰な内容ではないか、計画通りに長期修繕が行われているかなど、メンテナンスの実態を確認する必要があります。

管理状況の悪い物件に対して、以前であれば金融機関は融資をしなかったのですが、現在は基準が緩くなっており、訴訟沙汰も起きるようになりました。それでも最後に判断するのは自分です。自分の判断基準を失って、営業マンに押されてしまうとすれば、危険です。「安かろう悪かろう」と先人が言ってきたように、常にそういう目線で商品を判断したほうがいいと思います。

資産価値のある物件ならフルローンが組める

バブル前の財テクの一貫として不動産投資をする場合、どんな物件でも資産とみなされていました。どの不動産でも値上がりすることが前提となっていたからです。

しかし今は、田舎の不動産は資産ではないとみなされるようになりました。人に貸し出すことができ、収益を生まない限り、モノは同じく不動産であっても資産価値がないとされるのです。逆に言えば、収益を安定的に生むも不動産であれば、立派な金融商品の1つとなります。

値段が安いからと田舎の物件を安易に買うよりも、最初は懐が苦しくても、賃貸需要がある都心の高い物件を手にしたほうが、実はリスクが低い可能性があります。というのは、貸すことだけでなく、売却もしやすいので、それだけ選択肢が多いからです。

不動産に対する見方が変わって来るのに伴い、融資基準もだいぶ緩くなりました。

かつては年収が700万円以上でないと、融資を受けにくかったのですが、今では、

金融機関の姿勢が変化してきている

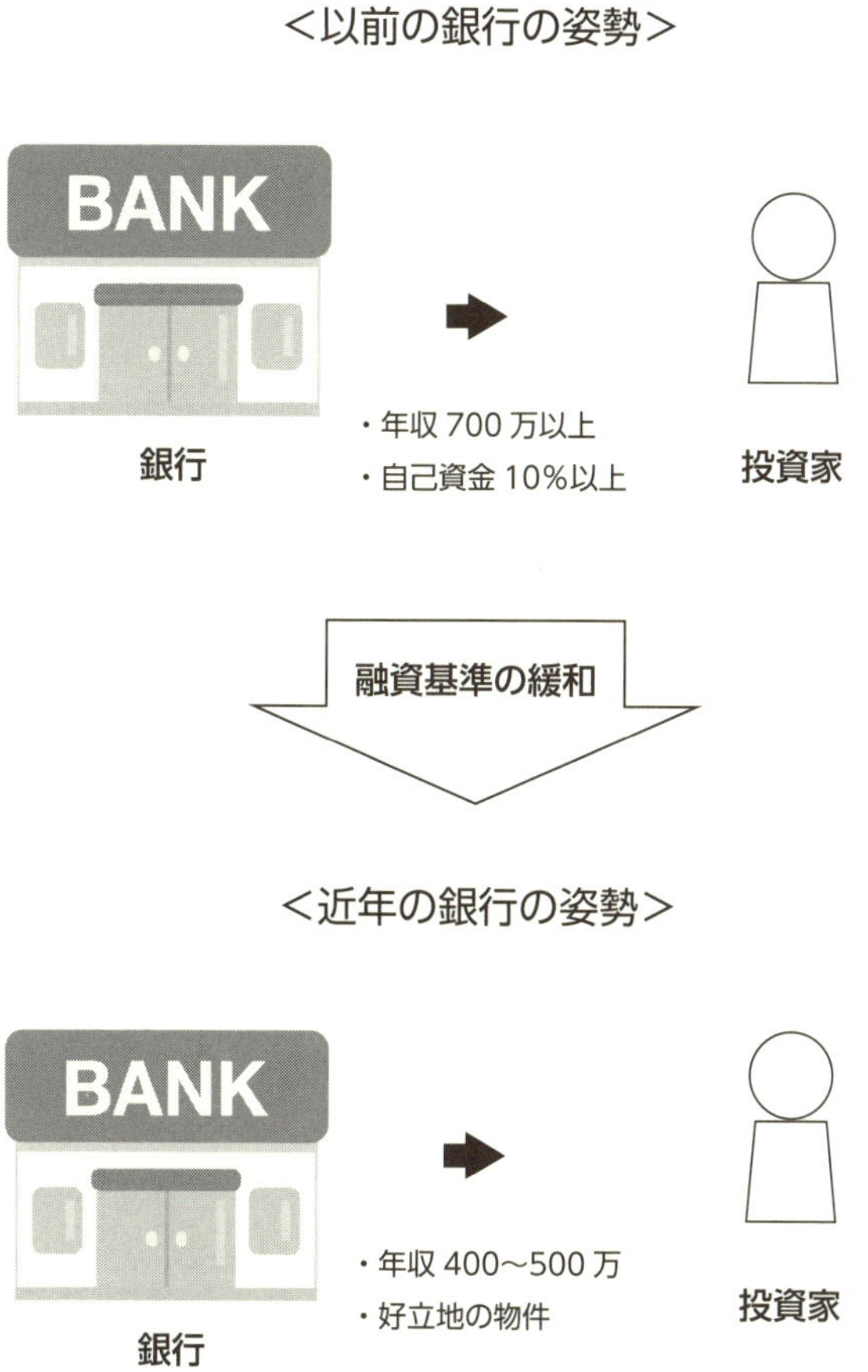

好立地の投資物件を選べば、年収などが400万円や500万円くらいの人でも物件自体を担保にして、簡単にフルローンが組めるようになりました。最近では「フラット35」（最長35年の全期間固定金利住宅ローン）など、全期間固定金利で貸し付ける住宅ローン専門金融機関やネット系バンクなども増えています。

金融機関の人と話をすると、35年や45年という長期のローンを設定しても、それほどリスクはないのだとか。というのは、残債を最後まで残す人は比較的少なく、お金に余裕ができたり退職金が出たりした段階で、繰り上げ返済する人が大半にのぼるそうです。最初から繰り上げ返済を組み込んで資金計画を立てる人も少なくありません。銀行で扱う金融商品が広がり、だんだんと世界のマーケットの観点に近づいてきていると思います。

融資のハードルが下がると、投資がとても身近になってきます。NISA（少額投資非課税制度）のように国策として投資を奨励していることも関係していると思いますが、ビットコインなどに積極投資をしている様子を見ても、若い人たちが投資に対して抵抗感がないことがわかります。

年金に頼るのではなく、自らリスクを取って投資を行い、きちんと資産管理をすることが、求められている時代になっているのだと思います。

不動産投資をしたら家計はどうなるか？

融資のハードルは低くなったとはいえ、借金して投資をするのはリスクが高くて、手を出せないという声はよく聞きます。そこで不動産投資とはどんなものなのか、イメージが湧くように、具体的な数字を出してシミュレーションをしてみましょう。

たとえば、40歳の人が１８９０万円の物件を買ったとします。頭金が10万円。その他諸経費で初期投資は88万７５００円。35年ローンでボーナス払いなしだとすると、月々の返済額は６万４８９４円。家賃収入が７万１２００円なので、管理費や修繕費も含めて、収入は６万３３００円。差額の１５９４円を毎月払えば、ローンの残価は減っていきます（91ページ）。

もちろん、途中で空室になることもあるので、家賃収入がずっと入り続けるわけではありませんし、相場が変わって、家賃が急に下がることもあります。仮に家賃１万円下がったとして、１万１０００円分。２万円下がると、２万２０００円分、月々の返済額が増えますが、好立地であれば、そこまで大幅に家賃が下がることはありません。

そうやって返済していくと、65歳の段階で残債が約６９６万円。退職金で一括返済して、仮に家賃が変わらなければ、その時点での投下資金は利回り10・91％で回収できます。そして、回収後は全部プラスの状態で、資産を持ち続けることができるのです。あるいは、残債の半分を早めに返済すれば、ローン返しながらプラスで収入が入るような状態もつくれます。

なお、団体信用生命保険に加入していれば、死亡したときや高度障害状態になって働けなくなったとしても、住宅ローンの残金分が保険によって弁済されて、完済することができます。さらに、オリックス銀行のように、がんと告示されただけで借金が棒引きになるような商品を出しているところもあります。

生命保険や終身保険の場合、当人が亡くなれば、一時的に保険金が出るだけ。マンションの場合、１００年はもつので、配偶者だけでなく、子どもの代まで残すことができます。その意味で、不動産に関して必要な保険（地震保険や火災保険等）はかけるべきだと思います。

なお、子育てが終わった50代すぎから投資を始める場合、ローンを組む期間が短い分、残債の減るスピードが速くなります。毎月のローン返済金額は家賃収入をかなり上回る（つまり出費が多くなる）かもしれません。ただし、子どもが巣立って、年収も増えて余裕が出てくる時期なので、思い切ってお金が使える人も多くなります。お客様を見ていると、40代で始めても、50代で始めても、それほど負担感に違いはないというのが、私自身の実感です。

また後述しますが、個人年金や預貯金と比較しても、不動産産投資は有利だと思います。

返済シミュレーションの例

【物件 A】

本体価格
18,900,000 円（内税）

初期費用	
手付金	100,000 円
頭金	0 円
登記諸費用（ローン諸費用含）	500,000 円
修繕積立基金	172,500 円
管理基金	0 円
火災保険料（10 年）	30,000 円
地震保険料（5 年）	15,000 円
固定資産税	70,000 円
初期費用合計	**887,500 円**

転貸借収支		
家賃	収入	71,200 円
管理費	出費	6,550 円
修繕積立金	出費	1,350 円
合計	収入	63,300 円

融資返済計算表			
融資利用額	18,800,000 円		金利
ローン年数	35 年	ジャックス長プラ変動	2.268%
融資返済金 / 月額（ボーナス払い無）	出費		-64,894 円

月々収支	年間収支
￥-1,594	￥-19,128

長プラ	2.268%	ローン年数	35年	完済年齢	75歳	月額払い	¥-64,894

ローン残債グラフ

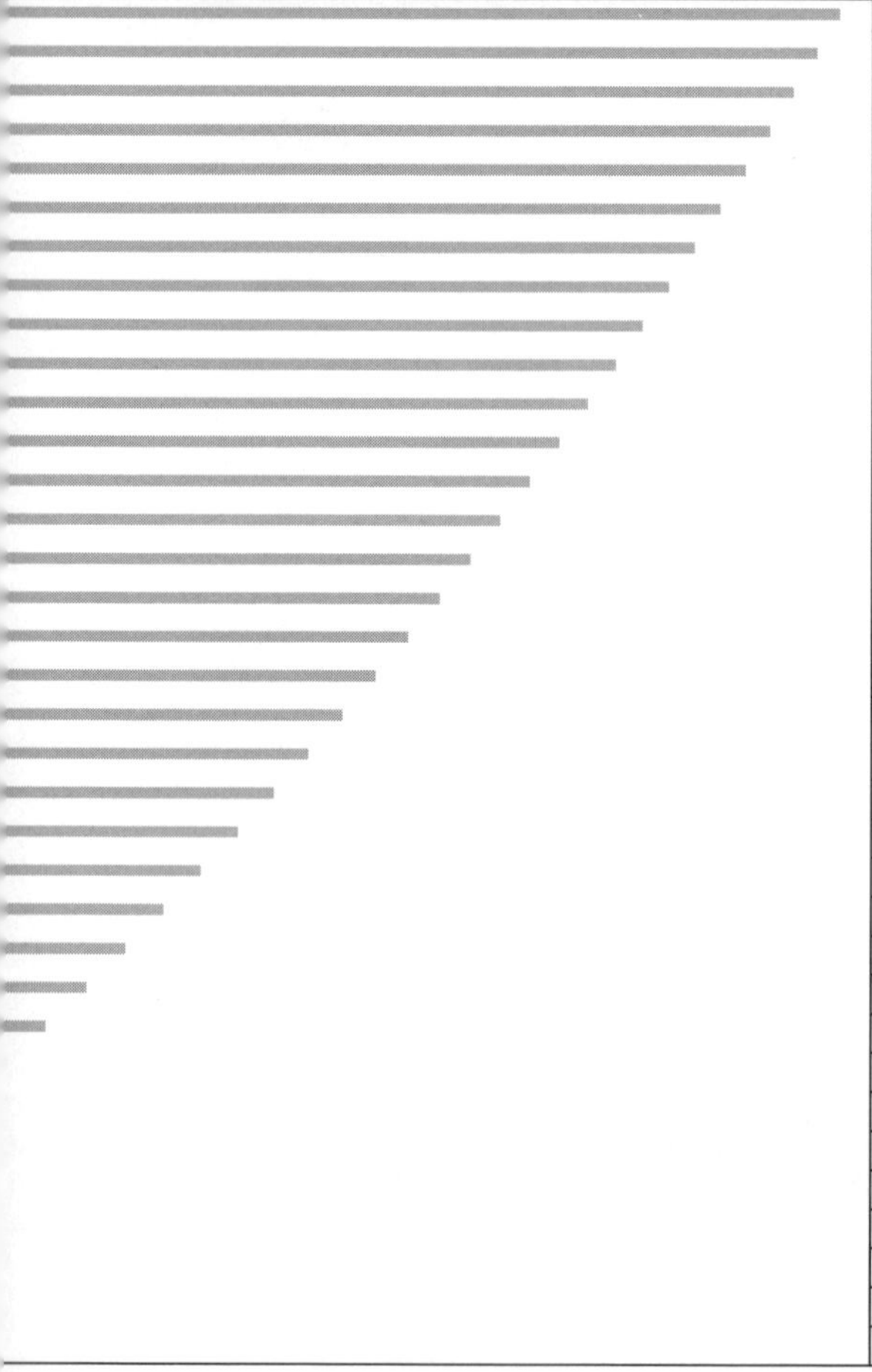

残高推移（予想数値）
¥18,800,000
¥18,443,970
¥18,079,781
¥17,707,246
¥17,326,173
¥16,936,367
¥16,537,627
¥16,129,750
¥15,712,525
¥15,285,739
¥14,849,171
¥14,402,599
¥13,945,792
¥13,478,517
¥13,000,532
¥12,511,594
¥12,011,451
¥11,499,845
¥10,976,515
¥10,441,192
¥9,893,600
¥9,333,459
¥8,760,482
¥8,174,373
¥7,574,832
¥6,961,551
¥6,334,215
¥5,692,503
¥5,036,084
¥4,364,622
¥3,677,771
¥2,975,180
¥2,256,488
¥1,521,325
¥769,314

融資返済計画表【物件 A】

※繰り上げ返済なしで借入金を返済した場合
(35 年ローン、ボーナス払いなし)

金融機関	●●●銀行	融資金額	18,800,000	元利均等払い	金利
年齢	経過年数	元金返済部分	金利充当部分		
40歳	0	¥356,030	¥422,698		
41歳	1年	¥364,189	¥414,539		
42歳	2年	¥372,535	¥406,193		
43歳	3年	¥381,073	¥397,655		
44歳	4年	¥389,806	¥388,922		
45歳	5年	¥398,739	¥379,989		
46歳	6年	¥407,877	¥370,851		
47歳	7年	¥417,225	¥361,503		
48歳	8年	¥426,787	¥351,941		
49歳	9年	¥436,567	¥342,161		
50歳	10年	¥446,572	¥332,156		
51歳	11年	¥456,807	¥321,921		
52歳	12年	¥467,275	¥311,453		
53歳	13年	¥477,984	¥300,744		
54歳	14年	¥488,938	¥289,790		
55歳	15年	¥500,143	¥278,585		
56歳	16年	¥511,605	¥267,123		
57歳	17年	¥523,330	¥255,398		
58歳	18年	¥535,323	¥243,405		
59歳	19年	¥547,592	¥231,136		
60歳	20年	¥560,141	¥218,587		
61歳	21年	¥572,978	¥205,750		
62歳	22年	¥586,109	¥192,619		
63歳	23年	¥599,541	¥179,187		
64歳	24年	¥613,281	¥165,447		
65歳	25年	¥627,336	¥151,392		
66歳	26年	¥641,712	¥137,016		
67歳	27年	¥656,419	¥122,309		
68歳	28年	¥671,462	¥107,266		
69歳	29年	¥686,850	¥91,878		
70歳	30年	¥702,591	¥76,137		
71歳	31年	¥718,693	¥60,035		
72歳	32年	¥735,163	¥43,565		
73歳	33年	¥752,011	¥26,717		
74歳	34年	¥769,245	¥9,483		

ローン短縮年数	9年	完済年齢	66歳	年間家賃	759,600
				ローン残債	合計家賃
				¥18,800,000	
				¥18,442,373	
				¥18,076,635	
				¥17,702,601	
				¥17,320,085	
				¥16,928,893	
				¥16,528,829	
				¥16,119,692	
				¥15,701,275	
				¥15,273,369	
				¥14,835,758	
				¥14,388,222	
				¥13,930,535	
				¥13,462,469	
				¥12,983,786	
				¥12,494,247	
				¥11,993,605	
				¥11,481,609	
				¥10,958,001	
				¥10,422,517	
				¥9,874,888	
				¥9,314,840	
				¥8,742,089	
				¥8,156,348	
				¥7,557,323	
				¥6,944,712	
					¥759,600
					¥1,519,200
					¥2,278,800
					¥3,038,400
					¥3,798,000
					¥4,557,600
					¥5,317,200
					¥6,076,800
					¥6,836,400
					¥7,596,000
¥-7,442,040	年間利回			10.91%	
¥7,596,000	30年収入			¥22,788,000	

繰上返済融資計画表（各年）【物件A】

※65歳の段階で、残債を繰り上げで一括返済した場合

年齢	40歳	月額収支	¥-1,594	当初完済年齢	75歳
年齢	経過年数	年間収支	繰上げ返済金額		
40歳	0年目	¥-19,128			
41歳	1年目	¥-19,128			
42歳	2年目	¥-19,128			
43歳	3年目	¥-19,128			
44歳	4年目	¥-19,128			
45歳	5年目	¥-19,128			
46歳	6年目	¥-19,128			
47歳	7年目	¥-19,128			
48歳	8年目	¥-19,128			
49歳	9年目	¥-19,128			
50歳	10年目	¥-19,128			
51歳	11年目	¥-19,128			
52歳	12年目	¥-19,128			
53歳	13年目	¥-19,128			
54歳	14年目	¥-19,128			
55歳	15年目	¥-19,128			
56歳	16年目	¥-19,128			
57歳	17年目	¥-19,128			
58歳	18年目	¥-19,128			
59歳	19年目	¥-19,128			
60歳	20年目	¥-19,128			
61歳	21年目	¥-19,128			
62歳	22年目	¥-19,128			
63歳	23年目	¥-19,128			
64歳	24年目	¥-19,128			
65歳	25年目	¥-19,128	¥-6,944,712		
66歳					
67歳					
68歳					
69歳					
70歳					
71歳					
72歳					
73歳					
74歳					
75歳					
繰上げ返済合計金額		¥-6,944,712	年間収支合計	¥-497,328	合計金額
回収期間		9.8年	回収年齢	75.8歳	10年収入

金融機関	●●●	金利	2.268%	家賃	¥71,200	手取家賃	¥63,300

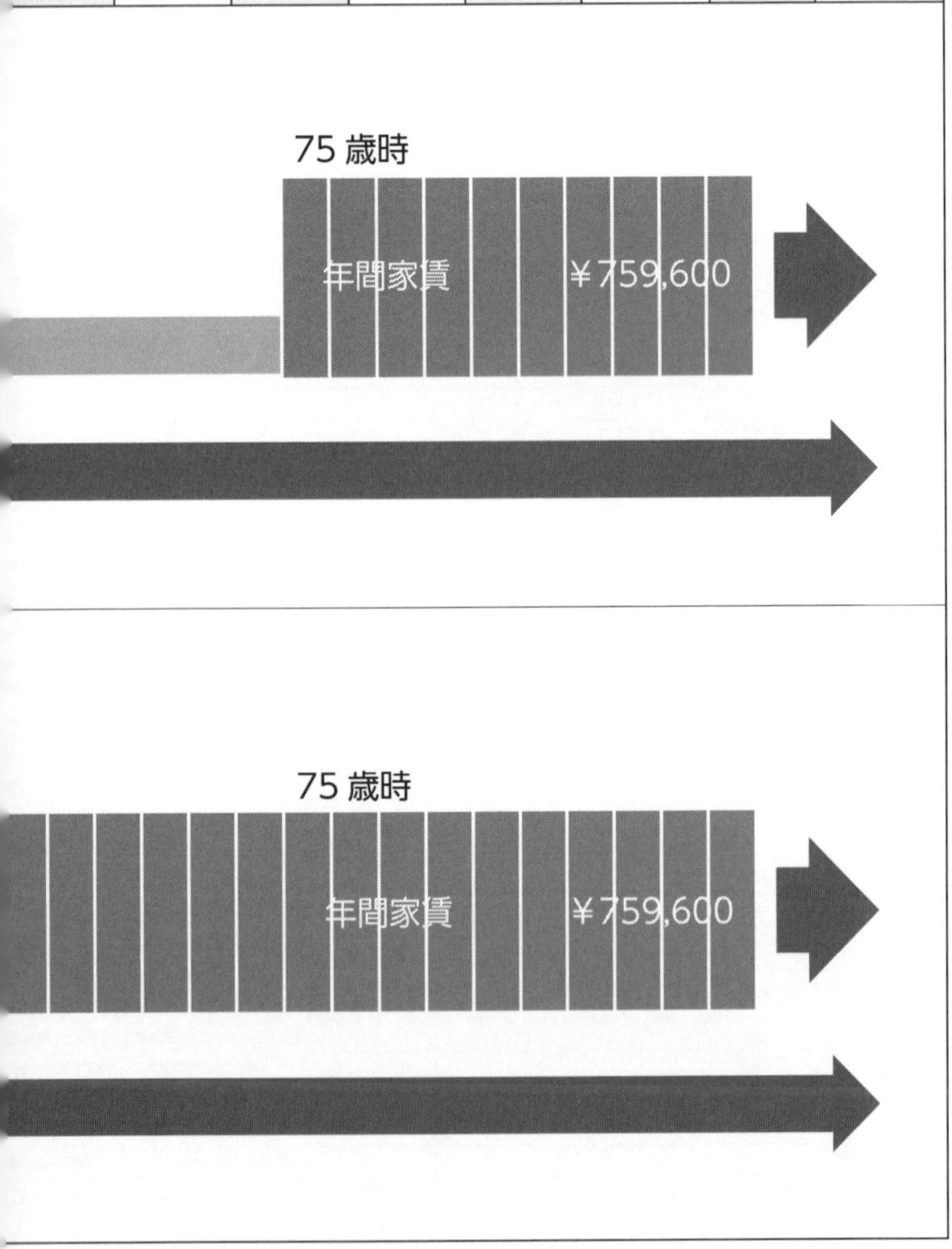

繰上返済計画表（退職金運用）【物件 A】

物件価格	¥18,900,000	頭金	¥100,000	融資金額	¥18,800,00

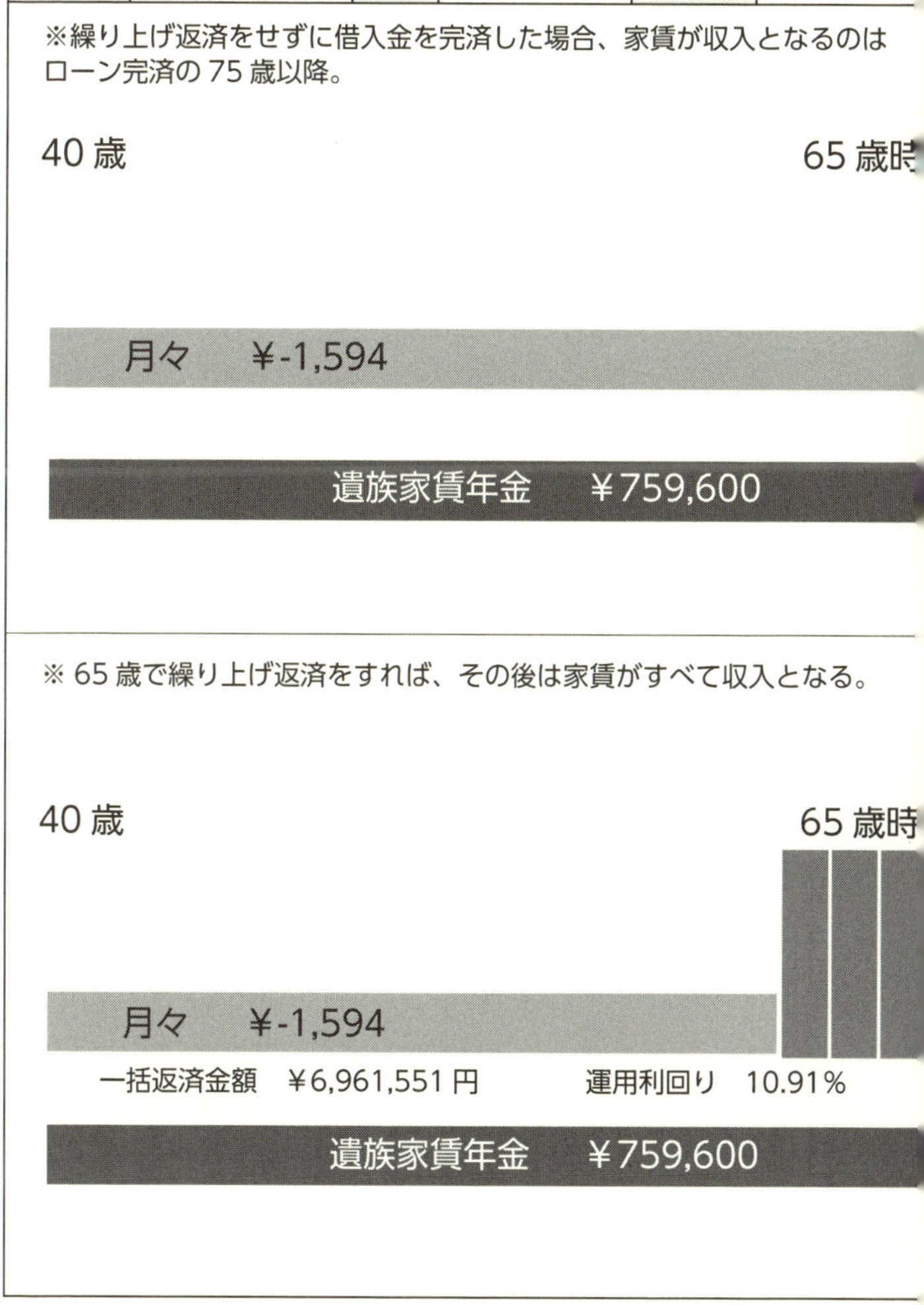

コラム

表面利回りとは

利回りとは、投資に対するリターン、どれだけ儲かるかを表した指標です。不動産の場合、物件への投資額から、どれだけの収入が得られるかを示します。

利回り（％）＝12カ月分の家賃収入÷投資額×100

本文中の10・91％という数字は、管理費や修繕積立金を除いた手取家賃12カ月分である75万9600円を、残債を返済した696万1551円で割った金額です。初期の物件価格で割っていないのは、それまでにかかっていたのが、初期費用と月1500円の返済だけだからです。サラリーマン投資家にとって「大きな支出をした」という実感のある時点の数字で計算しています。

なお、「表面利回り」や「実質利回り」という言葉もよく出てきます。

表面利回りとは、年間家賃収入を物件価格で割った数字です。

実質利回りは、年間家賃収入から管理費や固定資産税などの経費を差し引いたもの（手取り家賃収入）を、物件価格と初期費用を足した金額で割った数字です。

先の例でいけば、物件を購入した時点での表面利回りは４・52％、実質利回りは３・83％となります。

表面利回 （７万１２００円×12カ月）÷１８９０万円×１００＝４・52％
実質利回75万９６００円÷（１８９０万円＋88万７５００円）×１００＝３・83％

これはあくまでも試算であって、途中で家賃が下がったり、金利が変動したりすると、当然ながら結果は変わってきます。その時点で、いろいろな物件を比較するときの目安であって、保証された数値ではないことには注意が必要です。

マンション投資の節税効果は永遠に続かない

マンション投資で注意が必要なのは、節税に関する情報の捉え方だと思います。税務のことはよくわからないし、プロが言うなら、その通りだろうと受け止めがちですが、不動産投資をする場合には、難しくても多少の知識をつけておくことは大切です。

たとえば、「ある物件を買うと、税金が30～40万円分戻ってくる」と、不動産の担当者が勧めてくるかもしれません。1年間で40万円戻ってくるなら、10年で４００万円も得する。それなら、ローンもすぐに返せそうだと思ってしまうでしょう。

ところが、そうした節税効果が生まれるのは収支がマイナスになった時のみ。プラスになれば、逆転して税金を払わなくてはなりません。だから、事前の入念な計画が必要になってくるのです。

というのは、建物の躯体部分と設備は減価償却できるので、種類ごとに法律で定められた期間は毎年、定額法で経費として処理できます。減価（建物や設備の価値が下がる）といっても、別に家賃収入が減るわけではないので、収入が入り続けて、まとまった額の経費を控除できるのです。しかし、減価償却期間を過ぎると、収入から管理費等の通常経費を除いた分がそのまま課税対象となります。

たとえば、良い物件を見つけた。1回しかない人生だから、思い切って投資をしたいけれども、15歳くらいの子どもがいて、教育費などで資金に余裕がない。今は出せそうにないが、マンションは早めに取得しておいたほうがその後の値上がりが見込める。そこで最初の5年間は、節税分を活用してやりくりし、もうあと2年は持ち出しがあっても、子どもが大学を卒業するので、何とかできそうだ……。

そのように節税のロジックを理解したうえで投資をするのであれば問題ないのですが、一時的・表面的な数字だけを見て、お得だ、これがずっと続くと思ってはいけません。自分の家族構成やライフプランを踏まえて、長期的な視点に立って考えましょう。

家賃が下がっても保険商品よりお得？

東京に比べて、大阪は物価も家賃も安いと感じます。中古を含めたワンルームの家賃相場が6万〜7万円。ちなみに、東京であれば、八王子くらいまで行かないと、その値段では借りられません。代官山で14万円、表参道や大手町が12万円、新宿9万円くらいでしょうか。

大阪では家賃が安いので、利回りも当然低くなりますが、購入価格も安いので残債リスクは少なくて済みます。東京は以前の新築の利回りはだいたい5％でしたが、今では4・0％を切っています。関西はだいたい表面利回りが4・6％くらい。これは、建物の値段が上がっている割に、家賃の値上げができないからです。

この業界では通常、デベロッパーが設定した販売価格と想定家賃のバランスについて金融機関のチェックが入ります。相場よりも賃料が高すぎれば、その収支計画には実現性がないと判断されてしまいます。

物件価格は上がっても、家賃がそれに比例して上がらないと、結局支払い分だけが増えることになります。金利は全国的に変わらないので、同じような買い方をしても、東京では月々の返済額の差が２万円を超えて、大阪と比べて収益性がかなり低い場合もあるのです。

ところで、たとえ家賃が半額になったとしても、個人年金保険などと比べれば、投資マンションのほうが断然に有利だと、私は思っています。生命保険に加入するとき、今、お金を払って30年後に２０００万円もらえますとは言われても、インフレ率についての言及はありません。30年後の物価がどうなっているか。２０００万円の価値が果たして今と同じという保証はどこにもありません。予定利率は１％未満。場合によっては、元本割れすることもあります。

60歳から、マンションの家賃収入と同じように月に7万円が入ってくるものを、終身保険で賄おうとすると、いくらお金を積み上げなくてはならないのか。それを考えると、不動産からもたらされる収益のほうが２倍、３倍のポテンシャルがあります。

現実的な20代・30代、希望的観測の40代・50代

マンション投資の世界でこのところ顕著になってきたのが、オーナーの若年化です。当社に面接に来る20代前半の人なども、すでに投資マンションを持っていたりします。これは、若年層のほうが将来、自分たちは年金をもらえないということを、しっかりと認識しているからだと思います。

その点で言うと、40代、50代は何とかなると希望的観測をしていて、真剣に考えることを先延ばしにしているように感じます。もともと年金があることを前提で入社し、世の中が途中でどんどん変わっていくけれども、子どもの教育、住宅のローン、目の前の仕事に追われる。給料は上がらないし、将来のことを考えないと感じつつも、慣性の法則が働いてしまう。方向転換をしようにも、フットワークが非常に重たいのでしょう。

若年の人は年金がもらえないことを前提に、物事を考えているように感じます。だから、マイカー、結婚、子ども、マイホームを買う前に、投資用マンションを買ったりするのでしょう。もっと先でもいいけれども、どうせ将来に向けてやるべきことの1つだからと、若いうちから思い切ってフルローンを組んだりするのです。ローンに対して、驚くほど抵抗感もないのも、この世代の特徴と言えそうです。

とはいえ、私はかつて、そんなに若い時から、将来に備えた投資をしようと、生真面目に考えなくてもいいのではないかと思ったりもしていました。ですが、若い人たちがインターネットを駆使しながら情報を入手し、しっかりと将来の計画を立てている様子を見ていると、純粋にすごいなと感じます。今の20代と30代はそれだけの覚悟を持って行動しているのです。そういうところは、将来について見て見ぬふりをしている40代、50代も少しは見習ったほうがいいのかもしれません。

短期の売却益よりも長期的運用がお薦め

一般的なサラリーマンから、アッパークラスのサラリーマン、弁護士や会計士などの士族、医師、さらには外国人へと買う層が変わると、物件価格は跳ね上がります。東京から大阪にその波が移ってきているので、大阪の物件はまだ値上がりの余地があるのではないかと思います。

バブル期に不動産投資をすれば売却時の値上がり益が見込めました。今後はそれほど値段が上がらないとしても、下がりづらい環境であれば、大きな損が出ることはありません。

たとえば、先程の1890万円の物件を頭金10万円で買って、毎月15000円ずつローン返済という場合、ほとんど出費はないのも同然です。

では、誰が支払うかというと、借り手である第三者です。7万円の部屋を6年借りた人は、累積で500万円超の支払いを代わってしてくれるわけです。

15年経てば、残債は１２００万円代。ここで中古として１３００万円で売却すれば、ローンの残債分を差し引いたところが利益となります。特に、開発やインフラ設備が進んでいて、まだまだ値段が上がる余地がある中で、堅実にローン返済を進めておけば、いざというときの売却資産がつくりやすくなるわけです。

ただし、東京のように価格が上がりきったところで購入し、それがスタート地点となると、将来的に下がっていくリスクが大きく、残債の減りも少ないので、中古で売れたとしても、売却益が出ない可能性があります。

サラリーマン投資家にお薦めしたいのは、短期の売買よりも長期保有することです。売る、売らないかは時代の流れがあり、たまたま景気が良くて不動産が加熱していれば、売れますが、それを約束してくれるものはどこにもありません。海外の政治が混乱すれば、日本経済も打撃を受ける時代なので、景気動向はまったく読めません。幸い、衣食住は不景気でも需要が落ちない不景気銘柄です。そこに投資をして、あくまで将来の不労所得にするという計画を持ったほうが、絶対に強いと思うのです。

一時的にキャピタルゲインが得られたとしても、計画性がなければ、どこかで必ず損を出すものです。良いものを長く持ち、サラリーマンにもできる手堅い資産形成を志向したほうが、トータルでは良い結果になるのではないかと、私は考えています。

第2章のまとめ

この章では、サラリーマン投資家が本業の傍らに、大阪で不動産投資をしてみようと思ったときに、どんなところに着目すればいいのかについて、私の体験談や予測を交えながらご紹介しました。

●不動産は今の状態ではなく、未来を見越して、路線やエリアの発展性に目を向けることが大切です。

●好立地で、家賃が下がりにくい候補地としては、大阪では北区、中央区、福島区、西区、浪速区の5つ。地価の安さと供給可能性という点では、淀川区も穴場となります。

●賃貸収入を得るための物件を選ぶときには、自分が住むための物件選びとは異なる視点が必要です。回転率、収益性、ランニングコストなどの経済面、入居対象層の広さ、需要の安定性などの視点を持つことが大切です。その意味では、ファミリー向けマンションや1棟物よりも、都心部のワンルーム物件がお薦めです。

●初めて投資する場合、管理方法によって資産価値がかなり異なる中古物件よりも、新規物件のほうが、資金計画が立てやすくなります。実際にローンを組んだときに、月々の収支計画はどうなるのかのシミュレーションを行い、投資後の状況をイメージしておくことも大切です。

●セールストークに踊らされず、節税効果の継続年数、家賃が下がった時のシナリオ、保険商品など他の投資対象との比較などを行い、家族構成やライフプランを踏まえて長期的な観点も持ちましょう。

将来の不労所得を得るなど、自分なりの投資目的を明確にしたうえで、じっくりと調べて物件を選定し、納得したうえで、計画性を持って投資をすることをお薦めします。

第3章

大阪人が住みたい物件を見分けるポイント

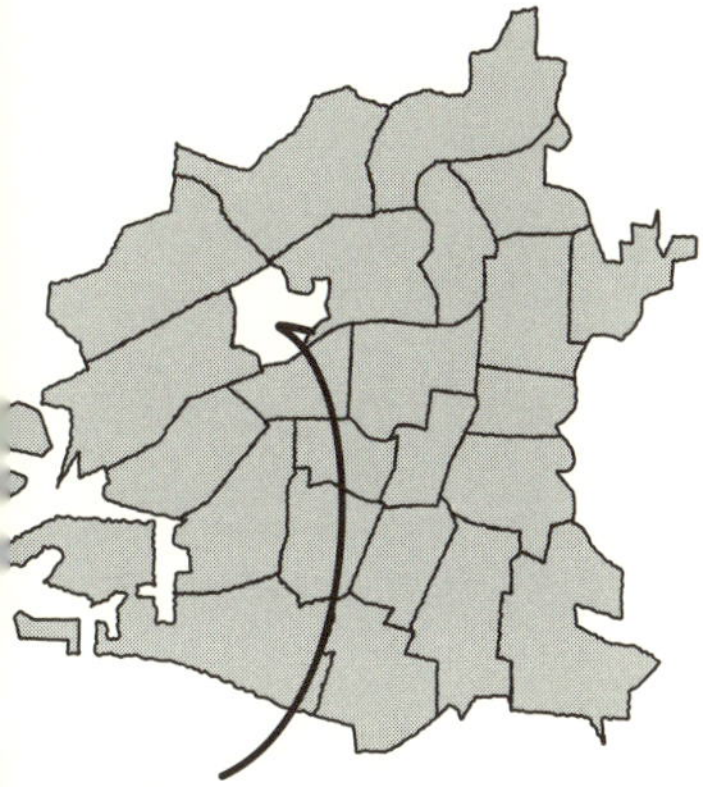

福島区

ビジネス街である堂島の北にあり、パナソニック（旧・松下電気器具製作所）の創業の地。福島駅や阪神野田駅周辺にオフィスビルや商業地が集積しているが、居住地域が区の大半を占めている。

「いい場所」の基準は心斎橋・梅田への近さで決まる

私が大阪に引っ越していた当初、みんなから「超いい場所だ」と薦められたのが、松屋町という場所でした。大阪メトロ・長堀鶴見緑地線で心斎橋から2つ目の駅です。まだ土地勘もない頃で、確かに通勤には便利だと思い、そこに部屋を借りたのです。

実際に住んでみると、卸問屋や仏壇・仏具店がやたらに多いと感じました。東京で例えると、合羽橋道具街のある銀座線田原町のような場所です。駅前にTSUTAYAやパチンコ屋などがあれば、気分転換や暇つぶしもできますが、そういう店はまったくありません。日曜日になると、飲食店はどこもお休み。平日残業して帰るとどこも閉店していて、近所なのに開いているのを見たことがない店もたくさんありました。理容室と美容室は一斉に月曜日が休み（東京ではだいたい理容室が月曜、美容室が火曜というように休日がずれています）。散髪に困って、それらしきところに飛び込んだら、カツラ専用カットショップだったなんてこともありました。

これのどこが超いい場所なのか！　みんなに担がれたのではないか、とさえ思ったものです。

結局、1年半ぐらい過ごしてわかってきたのは、大阪人の「いい場所」が私の認識とはどうも違うらしいということでした。大阪の「いい場所」の基準は、心斎橋と梅田にどれだけ近いか。心斎橋と梅田へのアクセスが良ければ、職場も住居も「めっちゃいい」場所と呼ばれるのです。

東京の場合、駅前が栄えているのが当たり前で、普段の生活に便利な店や遊ぶスポットがあるのがいい場所だと考える人が多いはずで、だいぶ感覚が違うのです。これは、私が大阪で経験した最大のカルチャーギャップでした。

一番住みたいのは御堂筋線沿い！

投資物件を選ぶときには、借り手と同じ気持ちで見てみることが大切です。大阪で大学生や1人暮らしの社会人向けのワンルームの中で、一番人気があるのは、何と言っても御堂筋線沿いの物件です。

御堂筋線は大阪の中心地を南北に走る地下鉄で、新大阪、梅田、心斎橋、なんば、天王寺などを直線的に結んでいます。オフィス街や繁華街、新幹線の利用など、どこへ行くにも便利な「鉄板」路線です。当社の若手女性スタッフに聞いてみたところ、やはり住む場所を選ぶときに一番優先させたいのは「御堂筋線沿い」だと即答しました。

心斎橋や難波の界隈は買い物をしたり、飲食店があったりと、夜に動き出す街です。大阪メトロに乗っていると、朝は心斎橋駅から誰も乗ってこないし、降りる人もいません。一方、梅田、淀屋橋、本町などがオフィス街として有名です。おそらく東京で例えるならば、渋谷近辺に職場があって、原宿や表参道などにも遊びに行くことがで

一番人気はやはり御堂筋線沿い

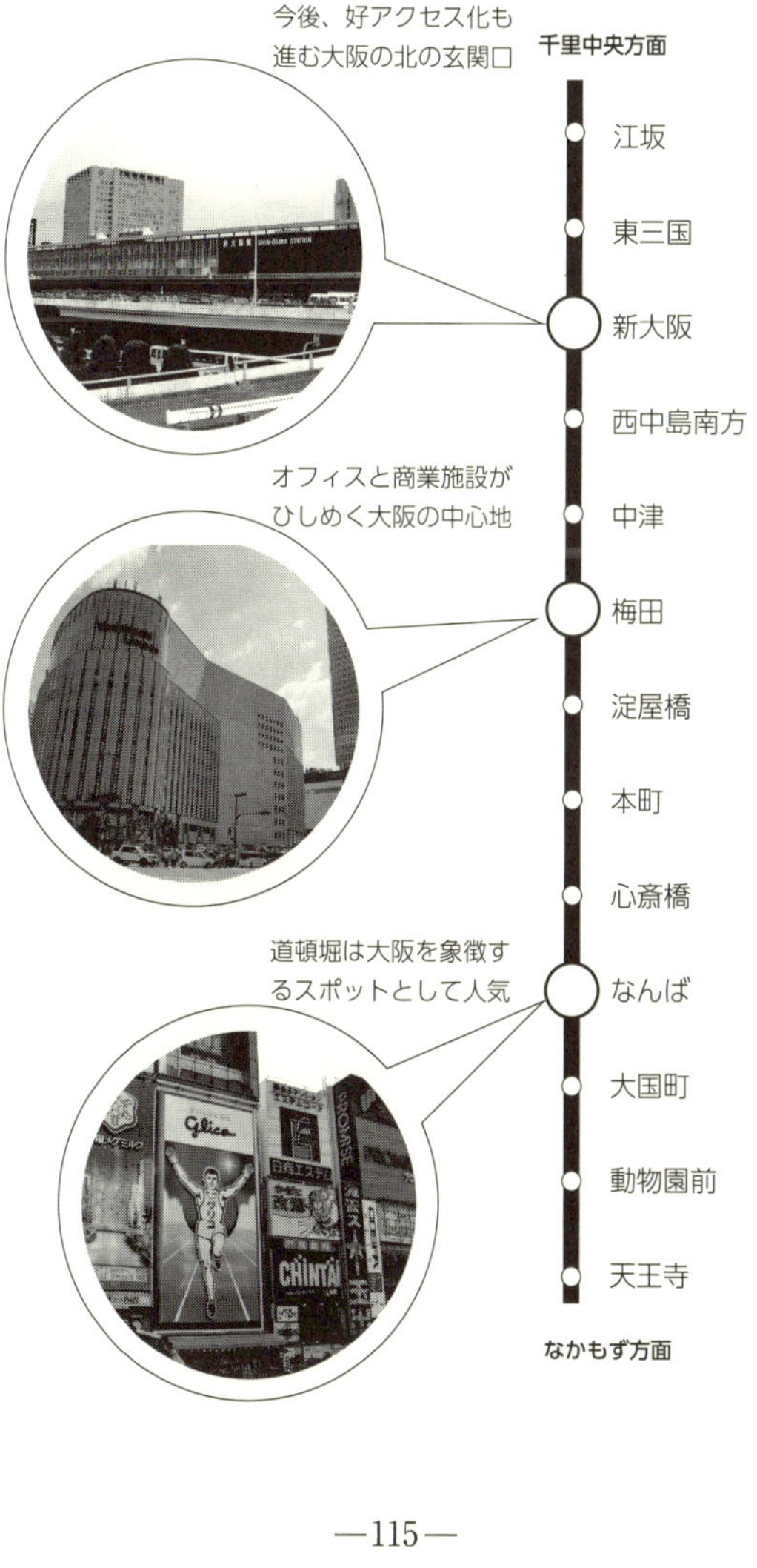

き、なおかつ、銀座のように大人の雰囲気の場所もあるという感覚かと思います。

ただし、人気の路線沿いは、新たにめぼしい物件が出にくいのも事実です。だからこそ希少価値があり、値段が下がりにくいのですが、投資を始めたい人にはハードルが高くなっています。

実際に、御堂筋線沿いで新たに出てくる物件はどんどん都心から離れていく傾向があります。たとえば、御堂筋線を南下して天王寺駅付近になると、たいして特徴がなく、かつては人気エリアとは言えませんでした。地上300メートルの超高層ビル「あべのハルカス」が登場し、百貨店や美術館、オフィス、ホテルなどが入ってから、おしゃれなスポットというイメージに変わってきましたが、その範囲はかなり限定されています。

その点で言うと、西側エリアでは長堀鶴見緑地線沿い、南北に新設されるなにわ筋線沿いのほうが、サラリーマン投資家にとっては狙い目であり、良い物件に巡り合うチャンスが多いと、個人的には思っています。

環境の良さを求めるなら中央線も便利

同じくお薦めしたいのが大阪メトロ中央線です。こちらも、東大阪市の長田駅から、中央大通に沿って大阪港まで東西を結ぶ路線です。

西側には、ＡＴＣホールなどの展示会場、国際会議場、デートスポットの公園や世界最大級の水族館「海遊館」などがあります。

東に行くと山に近くなり、奈良までつながっています。企業や大学が多く、公園などもあります。サラリーマンや大学生の利用者が多いので、電車の本数が多く、御堂筋線との相互のアクセスもしやすいので便利です。

路線がつながっていて、乗り替えずに、１本で行けるということはとても重要です。たとえば、東京の学生さんなどを見ていても、実家と同じ沿線に住み、週末になると親が掃除、炊事、洗濯をして、１週間分のおかずを作ってくれるという話も聞きます。

以前であれば、年収６００万円の家庭で子どもが２〜３人いるのが一般的だったかもしれませんが、今は1人。子どもにかけられるお金も手間も大きく変わりました。いくら家賃が安いからといって、大学から遠くて安全性に欠いた場所で借りろという親はいないはずです。特に、娘であれば、高めでも近くて安全なところがいいと、ついつい過保護にもなるものです。

中央線は今後、ＩＲ（統合型リゾート）を誘致している夢洲まで延伸される可能性があります。ユニバーサル・スタジオ・ジャパン（ＵＳＪ）などにもつながって１本で行けるようになれば、さらに利用者が増え、沿線エリアはますます栄えてくるはずです。

海遊館

アジア太平洋トレードセンター

女性目線で物件を選びましょう

女性が1人で安心して暮らせるかどうかという基準で見ていけば、立地選びで絶対に失敗しないというのが、私の持論です。当社でマンションを開発するときにも女性目線を大切にしています。

たとえば、大通り沿いから一歩入って、夜は暗くてさびれているような場所であれば、女性は敬遠するはずです。もちろん、男性をターゲットにすればいいという考え方もできなくはありません。しかし、女性でも安心して住める場所だからといって、男性に敬遠されることなどありません。むしろその逆で、誰にでも好まれる場所として、より多くの人が関心を示すし、社宅需要も取り込むことが可能です。入居を検討してくれる候補者はなるべく幅広い層であるほうが、空室リスクは小さくなるのです。

ところで、人気ナンバーワンの御堂筋線ですが、なんば駅から1つ先の大国町駅の周辺はかつて「治安が悪そう」というイメージがありました。実際に、少し前までは「大国町に住むのは、やめたほうがいい」と敬遠されていました。というのは、バブル崩壊後に、マンションの空室が増え、この地区に風俗店などがあった時期があったからです。

しかしその後、地域住民を中心に「大国地区環境クリーン運動（通称、大国パレード）」を展開。警察の取り締まりが強化され、暴力団が経営する風俗店は一掃されました。こうした努力の甲斐があり、今や、穴場ランキングや住みたい街ランキングに入るエリアとなったのです。

私も最近、久しぶりにその界隈に行ってみたところ、とても明るい雰囲気でした。スーパーマーケットの「ライフ」や24時間営業の「スーパー玉出」、コンビニ、ホームセンター、病院などが揃っていて、住環境として悪くありません。これなら女性が住んでも大丈夫だなと感じました。

女性が「これがないと困る」という設備はケチってはいけない

物件の設備についても、やはり女性の目線で必要不可欠な物かどうかを見ていく必要があります。

たとえば、「これがないと困る」という筆頭が、浴室乾燥機です。単身者が住むワンルームでは、南向きで日当たりがいいという条件はあまり関係ありません。そもそも仕事や学校に行くので日中は不在となり、日当たりはそれほど重視されません。そもそも単身世帯では、途中で雨が降っても、外に洗濯物を取り入れてくれる人は誰もいません。家に帰って、お風呂に入っている間に洗濯機を回して、寝る前に浴室で乾かせば、お風呂場のカビ対策にもなって一石二鳥というわけです。家族がいると洗濯物が多くなりますが、1人であれば干す量も知れていて、浴室スペースで十分です。

さらに、女性物下着でも安心して干せるという防犯上のメリットもあります。

これは外せない！　女性向け物件の設備

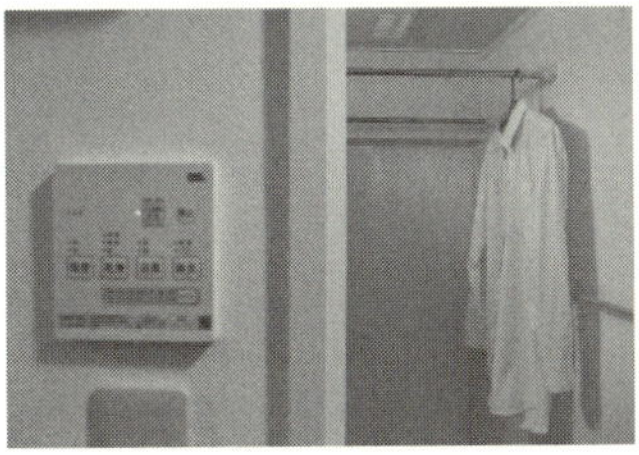

浴室乾燥機。女性の一人暮らしにはかかせない。

Wifi ほかインターネット環境は当然必須。

駐輪場。１部屋に１台置けない物件もあるので注意。

２口コンロ。魚焼きグリルや IH コンロはあまり人気がない。

Ｗｉ－Ｆｉなどインターネット環境、カラーモニター付きインターフォンなども必須となります。また、インターネット通販が増えているため、宅配ボックスも欠かせません。最近では、宅配ボックスを後付けで導入するマンションも増えています。

郵便受けは横型。縦型だと抜き取られる可能性があり、防犯上よくないとされています。このあたりは、東京でも大阪でも特に差はありません。

変わったところでいえば、魚焼きグリルは「装備しなくてもいいもの」に入ります。焼き魚はコンビニなどでも手軽に買えるようになり、部屋に匂いがつくのを嫌がる人も多くなっているからです。ちなみに、大阪出身のサラリーマンや大学生などは１人暮らしであっても、ほぼ１００％の確率で「マイたこ焼き器」を持っているそうです（マンションの装備ではありませんが）。

大阪のワンルームでは、東京でよく見かける、１Ｆの部屋の床下収納がありません。大阪に来た当初、私はこれがとても不思議でした。ワンルームは収納が限られるので、床下収納があると非常に便利です。当社では、床下収納のある部屋を新たに導入しました。

当社の女性社員の意見では、「駐輪場」も物件選定における重要なチェックポイントだそうです。自転車での移動も多いため、自転車を置けるかどうかは死活問題。古いマンションは1部屋に1台置けないことがあるので、要注意なのだとか。

コンパクト都市だけあって、実際に自転車通勤の人もかなり多く見かけます。自転車レーンは整備されてきましたが、自治体によって温度差があるようで、走っていると突然、レーンがなくなって車道を走る羽目になったりもします。こうしたところも、今後どんどん整備されていくのだろうと思います。

1Kの間取りにも根強い需要がある

部屋の間取りや広さの好みについては、都心部の単身者用の部屋（ワンルーム／1K）はだいたい25平米が基準です（畳のサイズには地域差などもあるので、最近は平米で表すほうが一般的になっています）。また、都心の物件ですから、東京だから狭い、地方だから広いということも特にありません。

部屋の間取りにはいくつかのタイプがあります。

ワンルームは、シンクやコンロなどのキッチン設備はあるけれども、部屋との仕切がないもの。

1Kは小さな（通常4・5畳以下）台所スペースがあり、部屋との間に仕切があるもの。

1DKは、食堂兼台所スペースと居室に分かれているもの。

1LDKは、それにさらにくつろぐことができる居間のスペースがあるもの。

このうちワンルームと１Ｋとを比較すると、調理の匂いなどが部屋に浸透しないということで、東京でも大阪でも１Ｋが好まれます。

１ＤＫ／１ＬＤＫと１Ｋを比較すると、「金銭感覚にシビア」なので、やはり１Ｋには根強い需要があります。特に、学生は１Ｋで十分だと考えます。ただし、子どものいない世帯、ＳＯＨＯ、未婚化晩婚化でお金を持ったシングルが増えてきていますので、１ＬＤＫの需要は増えつつあります。

風呂とトイレが一緒になっているユニットバスは一世風靡しましたが、今は別々になっているほうが好まれます。小さい洗面台やシンクも選ばれなくなっています。以前の流行が反映されたつくりになっている古い物件の場合、リフォームなどを検討したほうが貸しやすくなるはずです。

これから付加価値型マンションが増えていく

関東では、有名建築家やクリエイターが設計・監修したデザイン性の優れたマンションが人気を集めています。ガラス張りのお風呂、中二階、ウォークインクローゼットなど、こだわりが詰まった設計になっていますが、関西ではまだそれほど数が多くないように感じます。

これは、関西ではもともと賃貸物件の需要が弱かった、という事情も関係しているのでしょう。というのは、賃貸激戦区の東京では、同じような物件が多く、入居者獲得に向けて互いに熾烈な競争しなくてはなりません。だから、デザイナーズ・マンションで差別化する動きが先行したのです。

最近では、屋上スカイガーデン、壁面緑化、ＬＥＤ完全使用や下水道管などに使われるパイプ（ポリエチレン管）などエコロジー系のものや、共用スペースを充実させてコミュニティづくりに配慮したもの、ＡＩやＩｏＴなどを活用したスマート・マンションなど、世の中の変化に応じて新しい試みも増えています。

関西でも今後は、何らかの工夫や差別化を意識した物件が主流になってくると思います。たとえば、当社の開発物件でこだわってきたのが、靴の収納スペースです。棚を可動式にして、ブーツなどいろいろなサイズに対応できるようにしています。上部にパイプを通してコートやジャケットなどの洋服もかけられるように、かなり広めのスペースをとっています。借り手のニーズに応じて、自由に使えるところはなかなか好評です。

そのほかにも、先述した床下収納も人気の設備です。

それ以外のトレンドとして、ペット可のマンションが増えています。都心の一等地の物件には、あまり必要ないのですが、対象者をなるべく広げたいならば、ペット可であるに越したことはありません。ただし、そのように謳っていても、ペット用の足洗い場などの特別な設備がついていないことも多いので、物件を選定する時には注意が必要です。

第3章のまとめ

この章では、大阪で求められるワンルームマンションの条件についてご紹介しました。

●大阪の人がワンルームマンションを借りるときに最も重視するのは、心斎橋と梅田へのアクセスの良さです。一番人気があるのは、大阪メトロの御堂筋線沿いのエリアです。

●御堂筋線沿いは目ぼしい投資物件を確保しにくくなっているので、心斎橋や梅田にアクセスの良い他の路線にも注目して、物件探しをするのが現実的な対応です。

●借り手のニーズは人それぞれですが、最大公約数として「女性が1人で安心して暮らせるか」という視点で、周辺環境（治安など）を見ていくことがポイントになります。

●女性が「これがないと困る」と思う設備（浴室乾燥機、Wi-Fiやインターネット環境、カラーモニター付きインターフォン、宅配ボックスなど）は用意しなくてはなりません。

●賃貸物件の供給が多く、入居者獲得競争の厳しい東京では近頃、デザイナーズ・マンションなど高付加価値による差別化を図る動きが見られます。大阪でも将来的に供給が増えてくる状況を見越して、こうしたトレンドも念頭に置きましょう。

空室リスクを低減し、家賃収入を安定的に得るためには、大阪で暮らす人が「借りたい」と思う物件を確保することが大切です。投資物件を選ぶとき、あるいは、賃貸用に必要な装備を用意するときの参考にしてください。

第4章

私が大阪ワンルームマンション投資を選んだ理由

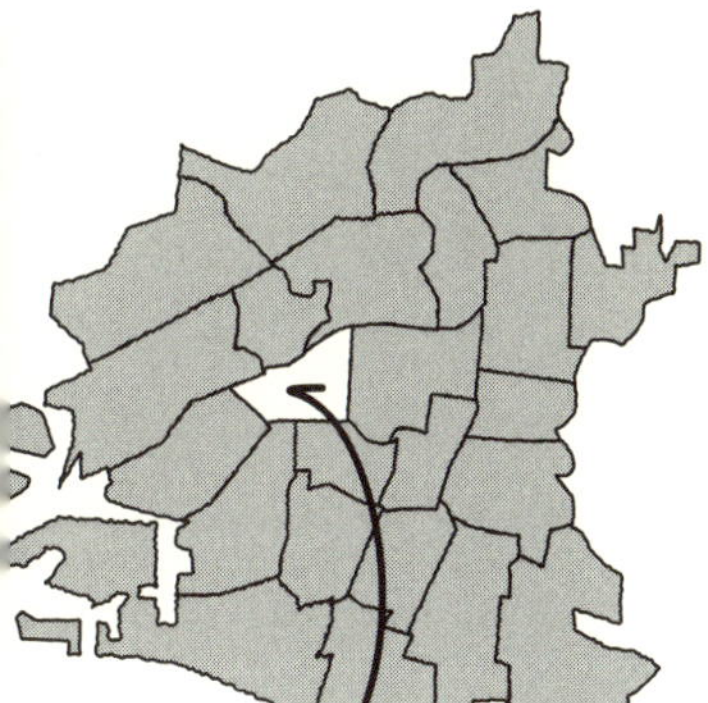

西区

都心中西部に位置し、オフィス街のほか、京セラドーム大阪やオリックス劇場などがあり、靭公園付近にはカフェやレストラン、インテリア・雑貨・アパレルなどの店舗が集積している。高層マンションの建設などが増え、人口が急増中。

不動産投資はギャンブルではない

不動産投資はお金持ちがやることだと、思っていませんか。

世の中の変化は激しく、高齢者が増えて就労人口が減り、年金ももらえなくなる。将来に不安だと感じるけれども、元手がなければ投資ができない。そういう漠然とした不安を持っている人は大勢います。

「○○は儲かる」という話は巷に溢れていても、成功するのは一握り。将来に備えてお金を貯めたり、運用したりしたほうがいいとはわかっていても、大きな損失が出るのが怖くて、なかなか踏み出せない人も多いのではないでしょうか。

不動産投資は、サラリーマンが身の丈に応じて、銀行借入金を活用しながら、資産形成ができる1つの方法だと、私は考えています。もちろんリスクはありますが、一攫千金を狙った投機や、ギャンブルではありません。トレンドや適切な情報を考慮しつつ、計画性を持って、堅実に長期的に取り組むことで、将来に対して少し安心感が得られる。そういう保険に近いものだと思うのです。

とはいえ、不動産会社の人間がいくらメリットを説くよりも、実際に体験している人の生の声に勝るものはありません。実際に、どのような人が、どのような思いで投資を始めるのか。当社のお客様アンケートからオーナーズボイスをいくつか紹介してみたいと思います。

愛知県在住39歳女性

家族は夫と子ども2人
学校勤務（教職員）、年収700万円
大阪市福島区のワンルーム物件を1860万円で購入

◇不動産投資に対するイメージ

難しい……というイメージでしたね。いろいろな法律が絡んできますし、手続きもたくさんあり、とにかく難しそうだと思っていました。

◇マンション購入目的

将来のために何かできないかと考えていました。子どもの教育費もありますし、他にあれこれと考えると、それほどお金の余裕がないと思っていました。

それに子供たちが成人して独立した後に、将来のために貯めること、プラス退職金かなと思っていたので、不動産を購入することは、本当にまったく考えていませんでした。

しかし、そこまでお金をかけることなく、マンションが年金にできることがわかって、始めてみようと思いました。

◇購入決断のポイント

建物が１００年以上も持つとわかったときは、びっくりしました。今も横浜に、日本で初めて建てられた鉄筋コンクリートの建物があって、実際に使われているそうです。メンテナンスさえすれば、それだけ持つのは、すごいですよね。

あとは部屋を使ってくれる人がいる場所で、マンションを持てれば、まったく問題ないなと思ったのです。紹介された物件を見て、これなら大丈夫そうだと思ったので決めました。

◇今後について

大丈夫だとは思っているのですが、何も情報がないと見通しがつかないし、不安です。個人で集められる情報には限りがあるので、今後もいろいろな情報を提供してほしいです。

兵庫県在住29歳男性

家族は妻と子ども1人
大手電機機器メーカー勤務、年収470万円
大阪市西区・淀川区のワンルーム2物件、1870万円、1820万円で購入

◇不動産投資に対するイメージ

年配の方で収入がしっかりある方がするものだと思っていました。運用に興味がなかったわけではなく、過去にFX（外国為替証拠金取引）をしていたこともあります。

営業担当の方から説明を聞いた後の率直なイメージは、不動産の運用は時間をかけ

てするものなのか、ということです。リスクは時間を使って分散させていることが印象的でした。定年までを考えると、まだまだ時間があるし、自分の年代で始められると思いました。

◇マンション購入目的

将来の年金収入に充てていきたいと思っています。もうすぐ子どもが生まれることもあって、あまりお金を掛けられない中で、始められたのが良かったです。これからは、自分のことばかりというわけにいきませんから、家族に負担をかけずに収入源をつくれることが、自分の中でしっくりときました。

それから、大阪は今後伸びてくると思うのです。２０２５年の万博やＩＲカジノ計画などで白羽の矢が立つということは、それだけ大阪が重要な場所だからだと思います。今後も大阪にいろいろな計画が出てくると考えていますし、それで不動産が値上がりしたら、売ってしまうのもありかなと思っています。

◇購入決断のポイント

近頃は大阪の話題が多いという認識があり、大阪が面白いとも思っていましたが、今回購入した不動産の周辺はあまり知りませんでした。また、賃貸経営はやはり入居者あってのものなので、空室にならないか、家賃が下がらないかは気になりました。

街が少しずつ廃れていくと、賃貸経営は成り立たないので、そういう意味では不動産を持つ街が、今後も発展するかが非常に重要だと考えていました。

担当者の方々に質問をぶつけてみると、中途半端な答えではなく、しっかりと資料を見せて頂き、1つずつ疑問に答えてくださって信頼できると感じたので決断しました。

千葉県在住53歳男性

家族は妻

旅行バス会社勤務、年収４００万円
大阪市浪速区のワンルーム物件を１７３０万円で購入

◇不動産投資に対するイメージ

お金持ちの人しかできないものだと思っていました。不動産は金額が高いので、そもそも自分には縁がないと思っていました。最近は、一般会社に勤めている個人の方でも不動産投資をしている話を聞いて、始める人が増えているのかと思いました。

不動産投資の歴史を聞くと、当初は自分のイメージしていた通り、お金持ちの人たちしかできなかったようですが、歴史が長くなるにつれ安全性などが実績として積み上がって、一般の会社に勤めている人もできるようになったのかと思いました。

◇マンション購入目的

自分の資産を持てますし、当初に出す金額も少なくて済みますし、節税もできますし、いろいろとあります。

どの地域で不動産を持ってもできることは変わらないので、物件価格から大阪の物件を買いましたが、東京の不動産を見てみると、ちょっと金額的に高いなと思いました。さすがに日本の首都だけありますよね。でも不動産はホントに値上がりするものだと、よくわかりました。せっかく買うのなら、今は金額がそれほど上がっていないけれども、今後値上がりしそうなものを持ちたかったので、それも目的になりますかね。

◇購入決断のポイント

大阪は知らない場所ではなかったので、イメージも持てて、決断しやすかったと思いますが、実際に決断する時には不安がよぎりました。給料が減った時に、入居者が誰もいなくて支払えなくならないかと。ただ、管理会社で扱っている物件にほとんど空きがなかったので、これならいけそうだなと思いました。それにしても、大阪はいろいろな規制があって建物がつくりにくいので、そういう意味でもライバルが増えにくいという安心感がありました。

愛知県在住34歳男性

家族は妻と子ども２人
公務員、年収６７０万円
大阪市福島区のワンルーム２物件を１９４０万円、１７３０万円で購入

◇不動産投資に対するイメージ

不動産ってお金がかかりますから、どこかの会社の社長とか、もともとお金を持っている人たちがするものというイメージがありました。それに不動産って難しいじゃないですか。いろいろな専門用語や関わってくる法律があって、とっつきにくいものだと。営業担当者から話を聞いてみると、思った以上にシンプルだと感じました。そもそも不動産を貸して家賃をもらうところからのスタートで、後はいろいろなリスクを抑えられるところがポイントかと思いました。

◇マンション購入目的

資産を持ちたいと思っていました。大都市の真ん中で資産を持っておいて損はないですからね。実際にマンションを購入したが場所が、50年前や100年前、200年前はどうだったかというと、今と変わらず大都市でしたし、さらに前に遡ってもやはり大都市でした。そういったところで資産を持てると思うと、確かにいい話だなと。

それに将来的には家賃を収入源として期待しています。どうしても今の収入と比べると、定年後は少なくなるのは間違いないですから、事前に何かをしておかなくてはならないと思っていました。そういった意味でもタイミング的にちょうど良かったと思っています。

◇購入決断のポイント

大阪は土地勘がない場所で、災害が起こった時とか大丈夫かが心配でした。担当者の方は現地を見学することを提案してくれたのですが、私の都合が合わず、それならばと、リスク部分は災害マップを使ってどういうレベルの災害までは問題ないかという説明があり、包み隠さず答えてくれたので、そういう意味で信用できると思いました。経験したことのないレベルの地震が来たら確かにどうなるかわかりませんが、そんな巨大地震がきたら自分もどうなるかもわかりませんし、そこまで気にしだしたら日本に住むこと自体リスクですよね。ただ、リスクも含めての投資なので、そういう部分を理解したうえで始めようと思いました。

大阪府在住42歳男性

家族は妻と子ども２人
製品製作加工会社勤務、年収６００万円
大阪市淀川区のワンルーム物件を１６００万円で購入

◇不動産投資に対するイメージ

株式とか、ＦＸとか、保険とかいろいろな投資がありますけれども、不動産というと、やはり金額が大きいので、怖いなと思っていました。１００万円と１０００万円とでは、金額のプレッシャーが違いますからね。しっかりと勉強してからでないと、できないと思いましたよ。それでセミナーに参加しました。

◇マンション購入目的

実は最近、娘が生まれまして、自分に何かあったときのために、何かしないといけないと思っていました。それで前から気になっていたのが、団体信用生命保険がついている不動産だったのです。自分にもし何かあった時は、住宅ローンが０円になって家族に残すことができる。そういったメリットがあるから、不動産投資に興味がありました。

◇購入決断のポイント

これ以上ないというくらい金利が低いところですね。不動産投資なので、金額は確かに大きいのですが、これだけリスクを管理できるのであれば、私でも十分に勝負ができるかなと感じました。逆に、金額の大きさに対して怖いと思ったことが、（安易な投資に走らず）良かったのかもしれないですね。

◇今後について

部屋が１００％ずっと入居中ということはないのですが、部屋が空き次第、管理会社がすぐに次の入居者を見つけてくれればいいと思っています。

兵庫県在住25歳男性

独身
公務員、年収400万円
大阪市中央区のワンルーム物件を1820万円で購入

◇不動産投資に対するイメージ

漠然とですが、もしも何かがあった時には、負担がすべて自分に降りかかってくるというイメージがありました。たとえば、毎月の支払いとか。そういうところで、リスクが大きいと思っていました。

◇マンション購入目的

自分の将来を考えた時に、普通だったら60歳で定年して、その後は再雇用で働いて、

65歳になったら年金をもらい始めてという青写真がありますが、職業柄、55歳で定年になるので、厳しいなと思っていました。それに、今と比べてもらえる年金の金額も下がるでしょうから。そういう状況なので、年金対策になると前向きに考えて、購入しました。

◇購入決断のポイント

友人が始めていたので、安心感がありました。何もないところからだと、なかなか「やってみよう！」とはならないですが、周りに始めている人がいると安心ですよね。「あの人にできるならオレも」って。それに、営業担当者の説明も丁寧で、「大丈夫そうだ！」と思いました。

◇今後について

確定申告は初めてなので、いろいろ教えてほしいです。入居者が退室した時に、次の入居者を見つけたり、途中で気が変わって売りたいと思った時のサポートなど、しっかりとフォローしてもらえると助かります。

兵庫県在住39歳男性

独身
大手電機メーカー勤務、年収800万円
大阪市中央区のワンルーム中古物件を1500万円で購入

◇不動産投資に対するイメージ

正直なところ、投資や資産運用に興味がないわけではなかったとはいえ、資産運用にはリスクも付いてくるので、運用した結果としてマイナスになることもあります。光もあれば影もあるのが運用の世界かなというようなイメージはありましたね。ただ、何もしなければ何も始まらないので、不安は感じていましたが、一度資産運用してみようと考えて話を聞くことにしました。

◇マンション購入目的

一番大きな目的は資産運用ですが、節税としても考えていました。資産運用全般を見たときに税金は切っても切れないところなので、資産運用に付随して税務知識が身に付けばと思っていました。

◇購入決断のポイント

物件の条件が良かったからです。家賃が下がらない場所か、空室が大丈夫かと、実際に自分が持つ時のことを考えたのですが、この条件なら大丈夫そうだということで決めました。

◇今後について

不動産を持ち続けるだけでなく、売る選択肢も考えられるので、不動産会社には、売却までの定期的な情報提供をしてもらえればと思っています。

東京都在住63歳男性

家族は妻と子ども2人
団体職員、年収2600万円
大阪市北区内のワンルーム物件を2100万円で購入

◇不動産投資に対するイメージ

それまでお誘いはありましたが、ちゃんと入居者がついて自分で収益が上げられるのか不安でしたし、自分ではできないと思っていました。不動産は持っていてもリスクがあると思っていましたが、営業の方が信頼できそうな声と話し方で、話を聞いてみようと思ったのです。

投資用の不動産を初めて購入したのは2006年です。東京都内の物件だったのですが、今回、大阪の不動産を案内してもらって、価格の安さにすぐに気に入って購入しました。この場所の物件であれば大丈夫だと思ったのです。

◇マンション購入目的

ずばり投資、資産運用のためですね。株式の運用もしていますが、引っ越しを機に始めました。自宅を売却したときの収入を、不動産で運用しようと思ったのです。

◇購入決断のポイント

物件がとにかく良かったことですね。展示会に参加した際は、大阪の不動産の需給関係や場所の良し悪しについて知りたいと思っていましたが、いきなりものすごく良い物件が見つかったので、びっくりしました（笑）。営業担当者の話は、他のセミナーでも説明されていて、間違いないことが確認できましたし、付き合いのある別の不動産会社も、物件と場所ともに良いと言っていたので、安心できました。

不動産投資は保険代わり

不動産投資を始める動機として、一番多いのは年金対策ですが、そうはいっても、将来のことは漠然としていて、不安を感じるかもしれません。仮に、不動産投資は生命保険の代わりだと考えてみるとどうでしょうか。だいぶ印象が変わってくるはずです。

たとえば、88ページで示した例のように、毎月1594円（ローン返済額から家賃収入を差し引いた月々収支）を支払っていけば、万が一自分が死んでも、1890万円の物件を配偶者や子どもに残せる。また、自分にとっても突然、会社がつぶれたり、退職金が出なくなっても、収入を補塡してくれる資産があるわけです。

もちろん投資の選択肢はたくさんあります。世界的な環境を考えると、レアメタルや金などは安全性の高い資産と言えるでしょう。株式や先物など、さまざまな金融商品があります。ただし、こうしたものに投資する場合、元手が必要です。1棟物やタワーマンションの運用も物件価格が高いので、資金力のある人にしかできません。

その点でいうと、ワンルームマンションには、動かせるお金の少ないサラリーマンでもローンを組んで投資をすることができます。サラリーマンという属性を活かしながら、地道に資産を形成するチャンスがあるのです。

物件を購入するときには通常、住宅ローンの契約者が亡くなるなどして返済不能になったときに残額を肩代わりしてもらえる団体信用生命保険に加入します。これは遺族がローン返済で経済的に困らないようにするための仕組みで、遺族年金や死亡保障の替わりになります。また、これまでは高額の所得補償つきのガン保険や生命保険に加入していたけれども、マンション購入をきっかけに加入中の保険を大きくて見直したとおっしゃる方もいらっしゃいます。

もちろん、マンションを賃貸しても家賃が下がったり、将来的に住宅ローンの金利が上がったりするリスクを背負いますが、安易な金儲けのための博打ではなく、将来的に年金以外で金銭的余力が生まれることをイメージして、計画性を持って買うことは可能である。これはいい、持っておきたいという場所にマンションを1つ買っておけば、だいぶ気持ちに余裕が出てきます。これは、私自身も、お客様と同じように不動産投資をしてみての実感です。

第４章のまとめ

この章では、サラリーマン投資家が実際にどのようなことを考えて、大阪で不動産投資に踏み切ったのかを知っていただくために、オーナーの方々の声をご紹介しました。

●年代は20代から60代まで多様です（アンケート全体でも、年代は幅広く、若い世代ほど、年金生活を当てにせず、不労所得で老後に備えようとする堅実な考え方をされている傾向が見られます）。

●職業は、医者や弁護士、企業重役などいわゆる高所得者層ではなく、公務員や民間企業勤務などの方も多数を占めています。

●年収は４００万円から２０００万円代の方まで（かつては「年収が７００万円以上で

はないと融資を受けられない」と言われていましたが、そうした条件が緩和され、普通のサラリーマンでも、物件自体を担保にしたフルローンが組みやすくなっています）。

●購入目的としては、将来の収入源、資産の保有、家族に残すこと、年金対策、資産運用、節税など。

●購入決断ポイントは、家賃の値下がり・空室リスクの低い好立地、エリアの発展性、不動産会社・担当者への信頼感、災害リスクの理解、金利の低さなど。

ここではなるべく年齢、家族構成、職業、年収などが重ならないように8人を抽出しましたが、アンケート全体で、年齢や職業は多様で、購入目的や決断ポイントもほぼ同様のコメントが多く見られます。

第5章

大阪ワンルームマンション投資を成功に導く不動産会社の条件

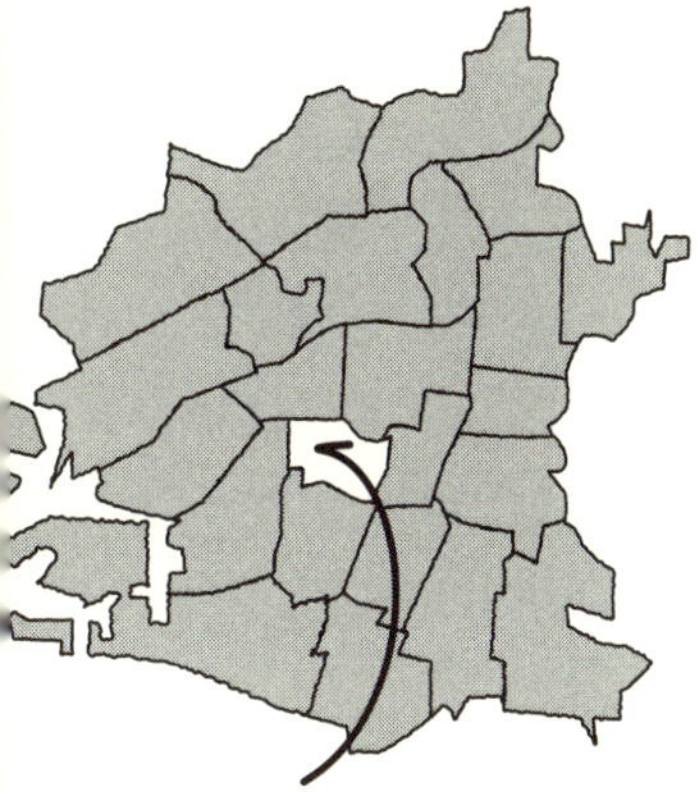

浪速区
難波エリアに隣接する日本一面積の小さな行政区。単身者向けワンルームマンションが多く、特に単身男性の転入が増えている。オフィスビル、高層マンション・商業の複合施設などの再開発プロジェクトが進行中。

物件だけでなくパートナー会社選びもカギ

不動産投資を始めるときに、投資家はいい物件を購入することばかりに目が行きがちです。しかし、どこから買うかも、やはり大切です。ただ売れればいいというだけの不動産会社は選んではいけません。

サラリーマン投資家にとって一番大事なのは、自分の仕事や家庭であり、本格的に不動産業に乗り出すことではありません。本業の二の次、三の次ですから、適切なパートナー企業を見つけて共存共栄していける環境をつくることが大切です。

我々のような不動産会社からすれば、委託された物件をしっかりと運用・管理して、お客様から手数料をいただく。オーナーは手数料を支払うことで、すべてを安心して委ねることができる。生命保険や証券会社でもそうですが、プロに委ねるのは、日本人にとって親和性のあるパターンだと思います。

私たちとして一番良い形は、オーナーがお金のことや運営であれこれ気を遣うことなく、時には物件のことを忘れられていられるくらいに、負担なく不動産投資を続けていただける状況です。

では、そうやって安心してつきあえる不動産会社や管理会社を、どのように選べばいいか。

どの企業も売るところまでは一生懸命ですから、見るべきポイントは「売った後」でしょう。お客様との長期的な関係づくりを重視し、売った後も連絡を取り続けているか。そのための仕組みがしっかりと見えるのか。

不動産業界は残念ながら、離職率が高いと言われています。お客様からすれば、「この担当者なら信用できる」と思って物件を購入するわけですが、仮にその人が退職した場合に、他の営業担当者や会社そのものを信用できるかどうかも、同じくらい大切です。その意味では、属人的な部分に信頼関係が集中するのは良くないと、私は考えています。会社として、きちんとフォローアップの体制がとられているかも、ぜひ注意してみてください。

不動産会社の姿勢は家賃設定でわかる

物件購入を検討しているときには、場所や広さ、間取りなどの条件や販売価格にばかり目が行きますが、諸条件をどのように紹介しているかよりも、収支の試算書を作成してもらったほうが、その不動産会社の姿勢がわかります。

試算書を見るときには、いくつか注意点があります。

まず、ワンルームマンションと一口に言っても、20平米、25平米、27平米など広さはいろいろです。本来は1平米で割り戻したうえで価格の妥当性を精査したほうがいいのですが、おおまかに高い、安いという表面的な見え方だけで判断する人が多いのです。

それから、みんながすぐにチェックするのは、毎月いくら返済するのか、もしくはどれだけ収入が入って来るか、という月々収支の項目です。物件の価格が高くなるほど、ローンの返済額も増えるので、それに応じて月々収支のマイナス額も大きくなります。新築物件の場合、家賃を高く設定することで、この項目のマイナスを極力小さく見せようとする会社もあるので、ここは要注意です。

新築プレミアムとして高めの家賃がとれることは、新築物件に許される恩恵です。ただし、最初はそれで入居者がついたとしても、２年後、３年後に入居者が入れ替わると、５０００円以上も家賃が下がることがあります。このため、当初のプレミアム価格ですべての収支を考えると運用が厳しくなります。

今後もお客様と長く付き合っていこうという不動産会社であれば、家賃収入が下がって収支計画が狂えば、お客様の満足度は低下するので、売りたい一心で安易な家賃設定することはないでしょう。

こうした場合、金融機関が歯止めになるべきですが、どんどん融資をしたいと思っているると、付き合いの長い大手不動産に丸め込まれてしまうこともあります。小さい不動産会社は自社ブランドではなく、大手から卸した物件の販売代理をしているため、大手の意向で高い家賃に設定して、買いやすく見せていることもあります。もちろん、その家賃収入が持続でき、金利が変わらなければ、それでも問題はないのですが、ある程度、ワーストシナリオも考えておく必要があります。

私個人の例で言うと、そのエリアの家賃相場、中古物件の相場なども見ながら、その新築の家賃が適正かどうかを必ずチェックするようにしています。

特に今はインターネットでいろいろな情報がとれる時代です。ビッグデータを解析して、賃貸の需要が強いか、弱いかをカラーで表示するサイトなどもあります。さまざまな情報を活用すれば、昔と違って、よくわからないから業者に言われるがまま、ということは避けられます。その意味では、自ら情報を収集し、勉強をするサラリーマン投資家に有利な状況になっていると思います。

また当社では、近年話題のＡＩ（人工知能）を不動産投資に導入しています（名称「ＡＩトレーダー」）。物件の査定、売却予想、価格の下落率、周辺の家賃相場の動向など、ＡＩの能力を活用して、投資家の皆様にさらに精度の高い情報を提供できるようになると期待しています。

家賃相場のチェック方法

家賃の適正相場を判断したいときには、同じ地域、同じ間取り、同じ広さの物件と比較するのがお薦めです。なお、最近ではかなり相場が変化していますが、ずっと長く住み続けている人は安く借り続けている場合もあるので、そこは注意が必要です。賃貸情報サイトで、同様の価格の物件情報がたくさんヒットする場合、自分の物件も空室になる可能性があると考えたほうがいいでしょう。

新築物件と中古物件の家賃相場は、関西では１万円ぐらいの差があります。東京などの好立地では、かなり強気の設定をしている場合もあるのですが、それでも10年くらいすると、さすがに１万円や２万円は下がっていきます。

ただし、マンションというものはゼロか１００かの世界ではありません。その部屋に何らかの魅力があり、その賃貸料に納得感があれば、入居者はつきます。駐車場や駐輪場、ロッカー、近所のコンビニエンスストアなどは、そこにあるかどうかが重要で、古いか新しいかはあまり関係ありません。それと同じで、入居者からすれば、どうせ自分のものではないし、空間を借りに来ているので、部屋がきれいで、使い勝手が良ければいいわけです。となると、やはり重要なのは場所ということになります。

その意味でいうと、この路線、このエリア、この駅がこれからどうなっていくか。そういう街の将来性をある程度、自分なりに把握したうえで、これからも右肩上がりだなと思えるときには、それなりに高い家賃が設定されていても、許容・納得できるはずです。

ちなみに当社の場合、同じエリア内に既に3～4棟のワンルームマンションを供給しているので、そこで蓄積した実績データや、地場の不動産会社の情報も用いながら、エリアや駅ごとの相場感を把握し、この家賃で入居者がつくかどうかを判断しています。その結果、入居率は97％以上を常に確保しています。

不動産業界はＩＴ化が遅れてきましたが、少しずつデータも蓄積されつつあります。不動産会社が持つデータも含めて、さまざまな情報源をうまく活用するといいと思います。

マンションの場合、総戸数によって共用部分の管理の充実度合いやステイタス性などが変わってくることもあるので、部屋と設備だけで比べるのではなく、建物全体を見ることも重要です。特にファミリー向け物件は、現地に行って、建物の雰囲気や近隣の環境も確認したほうがいいでしょう。近くにお墓がある、近隣に商業施設があってうるさいなど、表面的な情報では気づかないことも見えてくるかもしれません。

マンション投資の良いところは、自分も入居者に近い目線になれることです。その道のプロではないというメリットを生かして、利用者目線で物件を確認してみましょう。

家賃保証やサブリースは賢く使う

不動産投資をするときに、オーナーが頭を悩ますのは、借り手が家賃を滞納したり、長期にわたって借り手が見つからず空室になってしまうことです。家賃収入をローンの返済に充てている場合、資金計画が大幅に狂う原因となります。それをカバーするためのサービスとして、家賃保証やサブリースなどの仕組みがあります。

家賃保証は、第三者の保証会社が借り手の連帯保証人として滞納家賃などを補填してくれるサービスです。空室時は、一度補填されると、その後2年間は手数料が引かれて、オーナーが獲得できるのは月額家賃の90%。とはいえ、毎月必ずその収入が得られるという安心感があります。一部に5年や7年と、かなり長い期間保証をするところもありますが、業界ではだいたい2年間が通例となっています。なお、入居者が入れ替わったときの原状回復費用などはオーナーが自分で支払う必要があります。

サブリースは、サブリース会社が物件を一括で借り上げ、入居者がいなくても、一定のリース料をオーナーに支払います。現状復帰費用などはサブリース会社が負担しますが、その分、補償率が高くなり、オーナーに渡るのは賃料の85％くらいとなります。なお、30年間契約でも、２年ごとに賃料の見直しが行われ家賃保証金額が減らされたり、空室時に募集開始の数カ月が保証免責となっていたりと、計算違いが生じ、詐欺まがいだとしてトラブルも発生しています。

いろいろと問題点を指摘されていますが、やはり家賃保証のような仕組みがあってこそ、資金面でそれほど余裕のないサラリーマンがマンション投資を始められるのではないかと、私自身は考えています。というのは、もしも入居者がつかなかった場合、すぐに家賃保証に切り替えて、家賃の90％が入ってくるかこないかで、月額のローンの支払い負担は大きく変わってきます。たとえ全額カバーされないとしても、突然、出費が激増することはなくなるので、リスク管理がしやすいのです。

そういう計画性が持てることは、サラリーマン投資家にとって非常に大事になります。もちろん、自分に都合の良い情報だけではなく、リスクをよく理解したうえで、適切なサービスを活用するようにしましょう。

金利上昇リスクを織り込む

計画性という観点で、賃料収入と同じく気になるのが、金利上昇リスクでしょう。また、ローンを組むときに、変動型金利と固定型金利のどちらがいいのかで迷うかもしれません。金利が高く振れれば返済負担が増えるので、固定型のほうが安心です。しかし、金利が下がれば、高めに設定された固定型金利では不利になります。また、変動リスクを織り込む分、変動型のほうが固定型より相対的に格安の設定になっていることもあります。

私が比較的利用しやすいと思うのが、基本的に5年間は支払金額が変わらず、途中で金利が上がった場合は支払いの内訳（利息分と残債）が変わる。そして、5年後の見直しの時に金利変更が反映される、というタイプのローンです。5年経って見直す時点でも、現状の支払金額の1・25倍までしか上げないといったルールを設けている金融機関もあります。

変動金利が直ちに反映されると、毎月の支払金額の変動が大きく、不安になってしまうかもしれませんが、少なくとも５年間、支払金額が変わらなければ、日々暮らしていくうえでそれなりの安定性を保ちながら、今後の資金計画を検討することができます。

金利変動が激しい局面でローンを提案する場合には、金利の説明なども絶対にしなくてはならないのですが、とにかく物件を売れればいいと思っている営業マンは敢えてそのことには触れない場合があります。銀行の面談で初めて知って、すでに話が進んでいるので、ほかのサービスを吟味せずに妥協せざるを得なかったということにもなりかねません。ローンを検討するなら、ある程度は金利の仕組みを勉強しておくといいと思います。

ランニングコストがかかることを忘れない

良いパートナー会社を選ぶポイントとして、買って保有するところではなく、物件を持った後、つまり、物件の維持管理にかかるランニングコスト、さらには、売却して手放すところまで、どのくらい丁寧に説明してくれるか、ということも大切です。

というのは、マンションを保有すると、不動産取得税や固定資産税が必ずかかります。エアコンや給湯器などの設備も壊れたりするので、取り換えなくてはなりません。こうしたものは突発的な出費につながるので、ある程度のお金をストックしておかなくてはなりません。こうしたランニングコストを含めたマイナス面を一切説明しないで、担当者がメリットばかりを言ってくる場合は、その人から買うのは絶対にやめたほうがいいと思います。

不動産はやはり長期投資です。建物が老朽化してくると、直さないといけない箇所が増えてくるため、修繕費はだいたい10年後には上がります。物価スライドなどの要因もあるので、修繕計画や費用の見直しが行われることもあります。

現在では、長期修繕計画の策定は義務化されているため、昔のように突然、大きな修繕が生じて困ったという状況は起こりにくくなっています。ただし、修繕費の支払い方には、徐々に増えていくパターンと、最初から値上がり分を織り込んで一律にしているパターンがあります。ワンルームマンションの場合には増えていくパターンが多く、10～15年ぐらいで見直しが行われることもあるので、その心積もりはしておくといいと思います。

余談になりますが、私は以前勤めていた管理会社で、長期保有しても修繕費が一律になるよう、値上がり分を織り込んだ修繕費を設定したことがありました。最初だけわざと安く見せているという誤解を招きたくなかったのです。ところが、このやり方はお客様に不評でした。「10年未満で売却するのに、最初から、なぜ高い修繕費を払わなくてはならないのか」と指摘する方もいらっしゃったのです。

確かに、長期保有や売却益など、投資家の目的は様々です。建物が古くなるにつれて修繕費が上がるほうが、納得性が高いのかと気づかされた体験となりました。

良い不動産会社の見分け方

良い不動産会社を見分けるとき、企業規模はあまり関係ありません。不動産会社には中小企業もたくさんありますが、入居者は名の通った大手企業かどうかはほとんど気にしないものです。重要なのは、自分が好む場所、広さ、家賃、設備の物件を扱っているかどうか。ブランドよりも実利が尊重されるのです。

大手は大手ならではの良さはたくさんありますが、その一方で、雇用者数も多いので、増収増益やコストカットが求められます。大量の物件を扱うので、グレードの低い物件も混じっていたりするからです。

名前や規模よりも大切なのは、家賃設定のところでも述べたように、どんな姿勢や考え方を持っているかです。つまり、お客様を長期にわたって守っていく意志があるのか。売ることだけでなく、売った後についても責任感を持っているか。

それを知りたいときには、「具体的にどういうフォローがありますか」とズバリ聞いてみるのがいいでしょう。確定申告の税務相談や賃貸管理などを挙げてくるかもしれませんが、それはどこもたいてい何らかのサービスをしています。それ以外にどんなことをしているかが大切です。

当社の場合、たとえば、オーナーとの交流機会を定期的に持つ、売却時に試算コンサルティングができる、仲介サイトを立ち上げて販売サポートをしている、定期的に中古マンション投資セミナーを開催するなど、出口も含めていろいろなことをしています。細かな施策がどうこうというのではなく、そういう一連の活動を通して企業姿勢が透けて見えてくるはずです。

また、先行きがわからないのに「将来的にいくらで売れる」「家賃は下がらない」「金利は上がらない」と断定的な言い方をする営業マンは信頼できません。

過去のことはデータに基づいて説明し、未来のことについては、いくつかのシミュレーションを用意して話してくれると安心です。たとえば、家賃が下がったときに、どうなるのか。もちろん収入は減りますが、年金や不労所得が目的であれば、定期的に家賃収入が入ることのほうが重要なわけです。そのように総合的な観点で投資のアドバイスをしてくれる営業マンのいる不動産会社がいいと思います。

物件は現場を見てから買いましょう

物件を買いたいと思った場合、不動産関連の展示会やセミナーなどがいろいろな場所で開かれているので、参加してしっかりと情報収集するといいと思います。当社でも東京ビッグサイト、六本木ミッドタウン、東京ドームシティーなどで開かれる展示会に出店して呼び込みをしたうえで説明をしたり、業界誌と提携してセミナーを行なったりしています。

営業担当者に比較できるような選択肢や情報を提示してもらうことも重要です。過去の10年間、どういう価格の推移だったのかという現時点と過去との比較、あるいは、近所にこんな物件もあるといった類似物件など、何らかの比較対象があったほうが、決めやすくなります。

物件を購入する場合、1回目に営業担当者と会って、次に物件を見て、3回目で買うという流れが普通ですが、意外に、物件を見ないで買われる方も多いのです。今は、グーグル・アースなどネットで情報を見て、自分が住まないのだから、だいたいエリアの感じがわかればいいと済ませてしまう方が6割程度いらっしゃいます。特に東京在住で、関西に投資をしようという場合、忙しくて行けないから、まあいいか、となってしまうようです。購入後に見るとおっしゃっても、実際に見に来られる方はほとんどいません。

簡単にローンが組めるようになったとはいえ、やはりマンションは大きな買い物です。あまり簡単に購入を決めるのは、私の感覚としては、どうもしっくりきません。そのため、当社では必ず1回は関西に足を運んで見ていただくようにしています。

現場を見るときは、可能であれば複数回。朝はどうか、夜はどうかというように時間を変えて、その場所の雰囲気をしっかり見てから決めるのがベターだと思います。

アフターフォローを通じてお客様と長く付き合う

不動産会社にはいろいろなタイプがあり、物件販売のみを扱うところもあります。販売のみの場合、適当に売り抜けて責任逃れすることも可能ですが、グループとして賃貸や管理などの体制も整っている会社であれば、購入後も関係は続きます。

物件購入後のアフターフォローとして、当社の場合は、年1回ずつオーナーを集めて感謝祭と税理士を交えた税務相談会を開いています。新大阪のホテルで今年の年間売上、現状の取り組み、今後の展開などの説明をしたうえで、専門家の先生に不動産市況についてレクチャーもしてもらいます。不動産というものは面白いもので、保有するまでそれほど関心がなかった人でも、買った後はにわかに興味を持ち始めます。このため、不動産市況や業界動向などの情報提供に対するニーズはとても高いのです。1つ買うと、2つ目、3つ目と続けて投資するケースもよくあります。

第5章 大阪ワンルームマンション投資を成功に導く不動産会社の条件

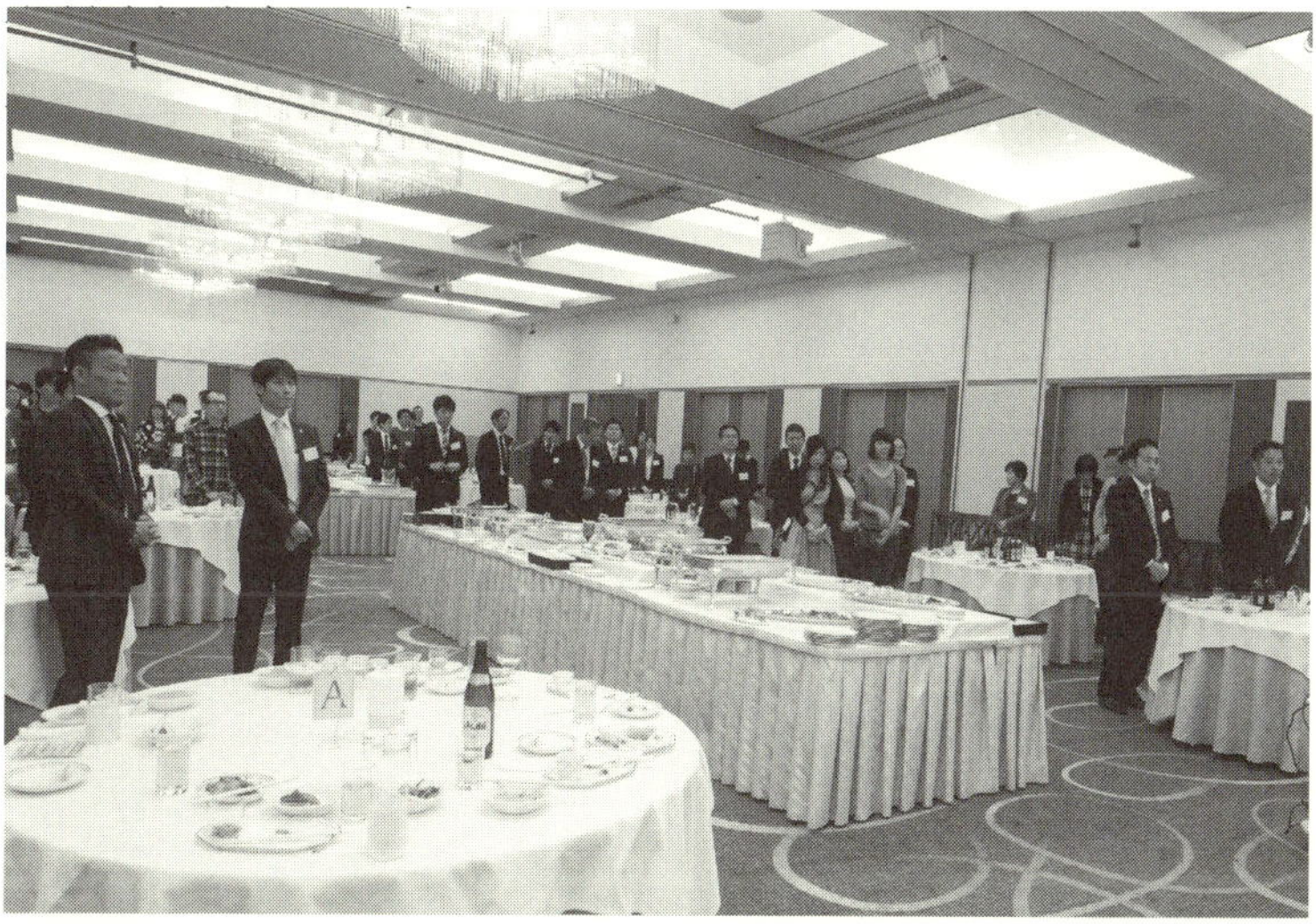

感謝祭

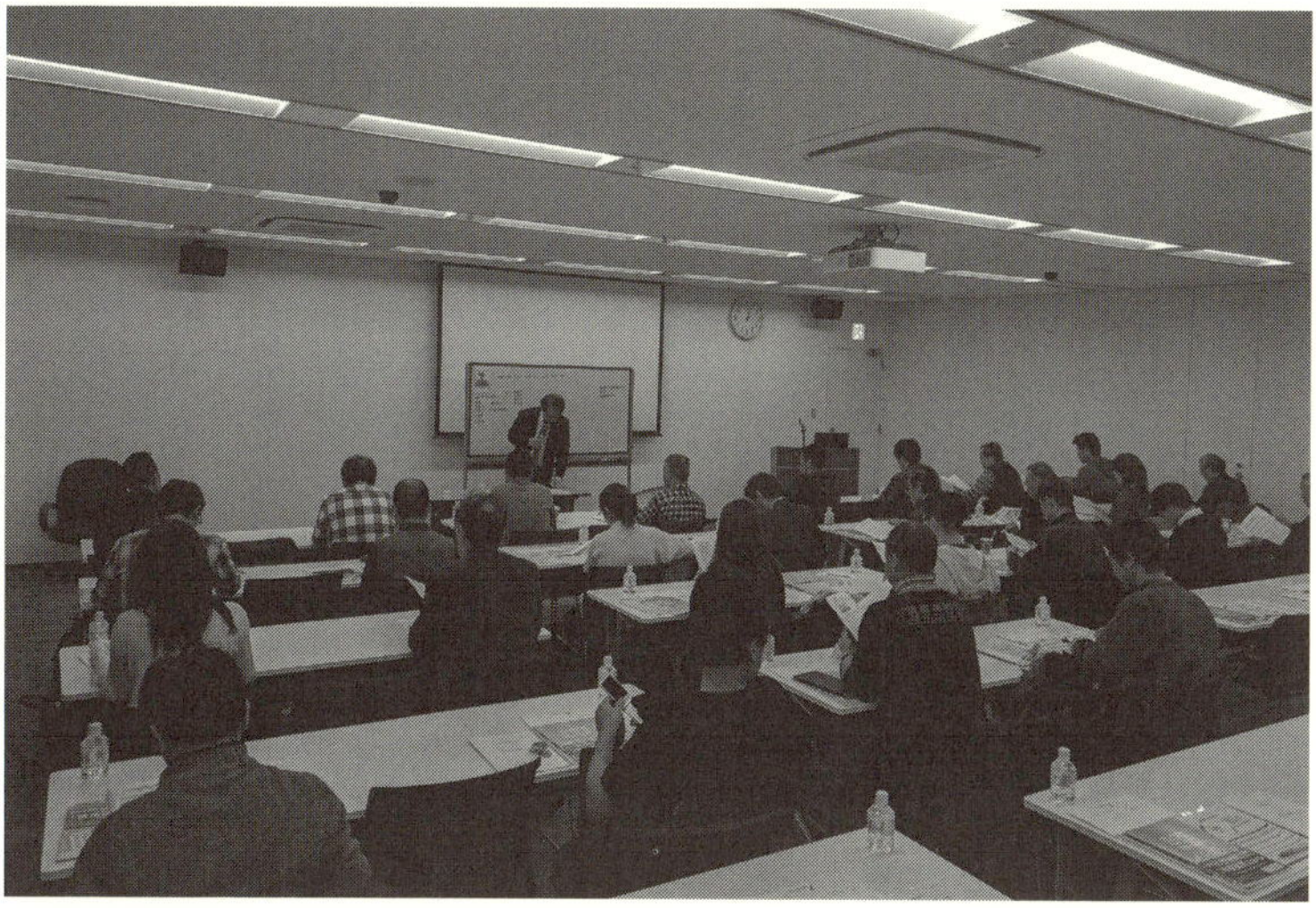

税務相談会

もちろん営業担当者が常日頃から、お客様にコツコツと情報提供ができればいいのですが、やはり販売活動が主体なので、そういう部分は営業担当者に求めるのではなく、会社としてやるべきことだと、私は考えています。

手前味噌で恐縮ですが、私たちの主催するイベントでは、芸能プロダクションに依頼して、楽しめる趣向も用意しています。先日のイベントでは、芸人さんに仮想通貨で大損した話をしてもらい、とても盛り上がりました。このような場があると、直接の担当者だけでなく、社長や役員以下、他の担当者とも知り合うことができます。

また当社がスポンサーとなっているサッカーの試合にも、オーナーの方々をVIPルームに招待します。食事やお酒が用意された部屋で、みんなで試合を見るので盛り上がりますし、オーナー同士の交流も促進されます。ここには購入を検討中の人も参加し、先輩オーナーの経験談を直接聞ける機会にもなっています。

たいていの不動産会社のホームページにはお客様の声を紹介するページがありますが、満足しているお客様なら顔写真入りで掲載を許可してくれます。お客様の声が1人か2人の会社よりも情報発信量の多い会社のほうが、顧客満足度の高い会社である証明になります。これから不動産投資を始めようとする人にとっても安心でしょう。

大阪の不動産会社はもっと人材育成に力を入れるべき

なぜ不動産の営業担当者がお客様にゴリ押しをするのか。それは、ほかに引き出しがないからです。若手の営業担当者は知識がなくて、勢いに任せて、「今はこうだ」という断片的な情報だけで買わせようとしてしまうこともあります。そうではなく、その場で保険など他の金融商品などと比較したうえで、お客様に選んでいただいたほうが、納得感を持って不動産に投資していただけます。

このため、私が大阪に来てから特に力を入れてきたのが、営業担当者の教育です。東京と比べると、不動産業界における社員教育はまだまだ不十分だという問題意識を持っていたからです。

月に一度、東京から専門の講師を呼び、投資マンション情報、不動産知識、電話セールスのやり方、仕事に対する考え方、学び方、社会人としての成長など様々なことについて、指導してもらう機会をつくっています。業界内の有名人や成功しているリーダーの話は刺激的ですし、結局のところ、できる人から教わったほうが効率的です。

さらに、eラーニングを導入して自分に合った学習項目を学べるようにします。礼儀作法、セールストーク、戦略の立て方から、中国語会話まで、200くらいのプログラムがあるので、自主的に選んでもらうのです。

テストや発表会などの機会も設けています。集合研修で一方的に教え込むよりも、アウトプットを求めたほうが急にやる気が出てくる人もいるからです。人によって頑張るポイントは違うので、定期的にいろいろな機会を作ることが大切だと考えています。

また、学んだときには、「改善シート」という書類に、学習したポイントや気づき、今後の課題や行動計画などをレポートとしてまとめ、提出する仕組みも設けています。

こうした教育を通じて、「お客様がいろいろな知識を持つあなたに投資をします」と言ってもらえるような人に成長していけば、お客様により良いサービスが提供できますし、会社の安定につながり、さらに良い物件の開発・紹介ができるはずです。

余談になりますが、私が大阪に来て面白いと思ったのは、業界内の横の交流が盛んなところです。東京は各社がバラバラで、大手が開発した商品を卸す系列会社をたくさん抱えて、派閥のようなものがありました。大阪では、ライバル同士でも社長の仲が良く、同業他社が協業してジョイントベンチャーで物件をつくることもあるのです。

当社もほかの2社と組んで、大きなマンションを建てたことがあります。規模の小さな中小企業にとって、立地の良い高額の土地はなかなか手が出せません。また、大規模開発をしても、売りさばけないというリスクが残ります。そこで、社員数60人くらいの中堅企業が手を組んだほうが、より良い場所で、グレードの高い物件を、自社で売り切れる戸数開発できるのです。そうした臨機応変なビジネスができるのは、大阪商人ならではの知恵だと思いました。

お客様に「目からウロコの瞬間」を届ける

不動産業界は人材の流動性が高くて、転職グセのついている中途社員も多かったりします。ある社員は30代後半で入社してから1年3カ月間、まったく契約が取れませんでした。一生懸命、頑張っているし、だいぶ熟してきたから、そろそろ契約が取れるだろうと私は見守っていましたが、本人はつらかったらしく、「もう限界なので、辞めます」と言ってきたのです。

「今まで9時に来て、結果が出なかったら、8時に来ればいい。今までの流れからいくと、絶対に契約は出る。やることをやっていれば、必ずそれを見てくださるお客様はいる。限界が来てから、頑張る自分と向き合ったことがないのなら、今、がその時だ」と、私は引き止めました。

それから2カ月後、この社員は一気にトップセールスに上り詰め、最近は昇進も果たしたのです。

一生懸命に頑張っていれば、３年もすれば誰でも売れるようになるというのが、私の持論です。なかなか結果が出なくても、余計なプレッシャーを与えたり、辞めさせたりすべきではありません。

大切なのは、何と言っても情熱です。セールスマンが扱う商材の中でも、不動産はかなり難しい種類に入ると思います。高額なので手を出すのが怖い、なかなか信じられないと思っているお客様に納得していただくには、本当に自社が扱っている投資マンションをいいと思っているか。それを本気で伝えたいと思っているか。そういう思いがうまく伝わると、最初は胡散臭そうな目で見ていたお客様に、「こんなにいいものがあるのか！」と目からウロコの瞬間が来て、満足してくださるのです。

そういう場面を私は何百回も目にしてきました。そのような優秀な社員を育てることが私の使命だと思うのです。

第5章のまとめ

この章では、物件の購入や管理の際に付き合うことになる不動産会社を取り上げ、どのような会社を選べばいいかについて、ご紹介しました。

●サラリーマン投資家は、自分で不動産経営するのではなく、本業の傍らのサイドビジネスという位置づけで、投資物件を賃貸に出すので、信頼できる不動産会社を選ぶことが大切です。

●セールストークを鵜呑みするのではなく、見るべきポイントは「売った後」のサービスがどれだけ充実しているか。担当者の属人的なスキルに頼ることなく、会社の仕組みとしてどれだけサポート体制を整備し、お客様との長期的な関係づくりに取り組んでいるかに着目しましょう。

●不動産会社が紹介する物件の立地、広さや間取り、販売価格でなく、家賃設定が適切であるかにも注意しなくてはなりません。金利上昇リスク、ランニングコストなど注意すべき要素について、データを交えて、適切な説明をしてくれるか。確定申告の税務相談や賃貸管理、物件の売却など、どのようなフォローアップ体制があるかなども、チェックポイントとなります。

●最近は、セミナー、イベント、インターネットなど、様々なところで情報を入手できる状況になっています。不動産会社の担当者の言葉を鵜呑みにせずに、自分なりに情報収集したり、実際に見に行ったりする姿勢を持つことが大切です。

確かな選択眼を持って、長期的なパートナーとして信頼できる不動産会社をじっくり選ぶようにしましょう。

2021年	→中之島に「再生医療国際センター」完成 →中之島に「大阪新美術館」開館目標 →神戸三宮に阪急阪神HDによる再開発ビルが完成 神戸市三宮の「神戸阪急ビル東館」が、高さ121メートルの高層ビルに生まれ変わる
2022年	梅田一丁目一番地計画ビルが完成予定 →大阪神ビルディング、新阪急ビルの建て替え 用途は百貨店、オフィス、集会所、駐車場 →北陸新幹線、敦賀に延伸 春、星野リゾートが新今宮にホテルを建設。JR新今宮駅前（浪速区）の市有地（約1万3900㎡）に唯一名乗りを上げ、18億円で購入。これが成功すれば、大阪市都心南部に大きなインパクトを与える
2023年	うめきた2期まち開き、地下鉄「北梅田駅」開業 →新名神高速道路全面開通
2024年	大阪市営地下鉄中央線延伸の開通 →夢洲にIR開業目標→「一年前倒し」
2025年	IR統合型リゾート、万博博覧会（仮） →夢洲（東京ドーム83個分）敷地にて、カジノ・国際会議場・種々の展示施設・ホテル・レストラン・商業施設（ショッピングモール）・劇場・映画館・アミューズメントパーク・スポーツ施設・温浴施設（温泉）などが建設される→経済効果3兆円 →京阪延伸、JR延伸
2027年	東京・名古屋間にリニア中央新幹線が開業
2029年	大阪モノレール延伸計画→2019年着工、2029年度の開業を目指す。総事業費は1050億円。ルートは現在の門真市駅から大阪中央環状線沿いに南下していき、4駅が新設される（鴻池新田駅など）
2031年	なにわ筋線開通予定 →新北梅田駅～中之島駅～西本町駅～南海新難波駅(JR難波駅も）～新今宮駅 開通すると大阪駅から関空までが最速38分（現56分）と短縮 阪急新線として北梅田駅～十三駅～新大阪駅も計画中
2037年 (or 2045年)	リニア中央新幹線 →東京（品川）～名古屋を40分、東京～新大阪を67分で結ぶ。 （東京～名古屋は2027年に開業予定）
2046年	大阪に北陸新幹線延伸（金沢ー新大阪：1時間19分）→2030年に開業目標 (2018.5.10日本経済新聞)

大阪の未来計画年表

年	できごと
2012年	梅田の公示地価231万円/㎡　グランフロント前650万円/㎡
2016年	大阪で観光客過去最高971万人(2011年、　158万人の6.1倍。日本過去最高) 2,400万人→2020年に向け観光客数上方修正　2012年2000万人目標→2015年3000万人→2017年4000万人 →ホテルの稼働率が東京を抜き、大阪でホテル不足
2016年	12月、カジノ法案成立
2017年	4月、大阪工業大学　梅田キャンパス　茶屋町に地上22階地下2階建て。学生ら約1300人が通学 10月、神戸医療産業都市に神戸アイセンター完成(IPS細胞を使った目の治療) 年末までに32棟の大型ホテルを建設する→10,000室増（コンラッド大阪など） 大阪観光客初の1,000万人越え目指す(2016年971万人) 梅田の公示地価420万円/㎡ グランフロント前1400万円/㎡→5年で2倍以上の地価上昇
2018年	7月、北梅田開発第二期事業者が三菱地所グループに決定。阪急電鉄、積水ハウス、竹中工務店、オリックス不動産、大阪ガス、関電不動産開発の計７社。 秋、統合型リゾートＩＲ・万博の開催地が大阪に決定!!（希望!!） →大阪市北区の中之島に高さ190メートル級（地上50階超）の超高層マンションが誕生する（春） 年末までに、80棟の大型ホテルを建設する。→25,000室増
2019年	春、おおさか東線開通→新大阪駅～西吹田駅～淡路駅～都島駅～野江駅～鴨野駅～放出駅～（省略）～久宝寺駅 開業中の区間は、中小企業が密集する東大阪市の西部を縦断しており、沿線には工場が多数集まっている。 秋、ヨドバシカメラ梅田タワー（仮称）が完成。大阪駅北口の高層ホテルや商業施設が入る大型ビル。ホテルの客室数は1000室で大阪市内最大級 ラグビーワールドカップ開催 →大阪市の南海難波駅に直結する南海会館ビル（地上8階）が地上29階の高層複合ビルに生まれ変わる（総事業費は約400億円）
2020年	USJマリオエリア「SUPER NINTENDO WORLD」がオープン!!（総工費600億円）日本先行オープン 東京オリンピック開幕！ →大阪ミナミの活性化に取り組む大阪商工会議所が、高島屋大阪店北側の車道を広場にする →北大阪急行電鉄延伸計画：大阪府や阪急電鉄が出資する第三セクターの北大阪急行電鉄が2020年開業を目指して、千里中央駅から北へ2.5キロ延伸することが決定し工事が進められる。総費用は650億円。中間に箕面船場（仮称）、終点の新箕面駅（仮称）に至るルート

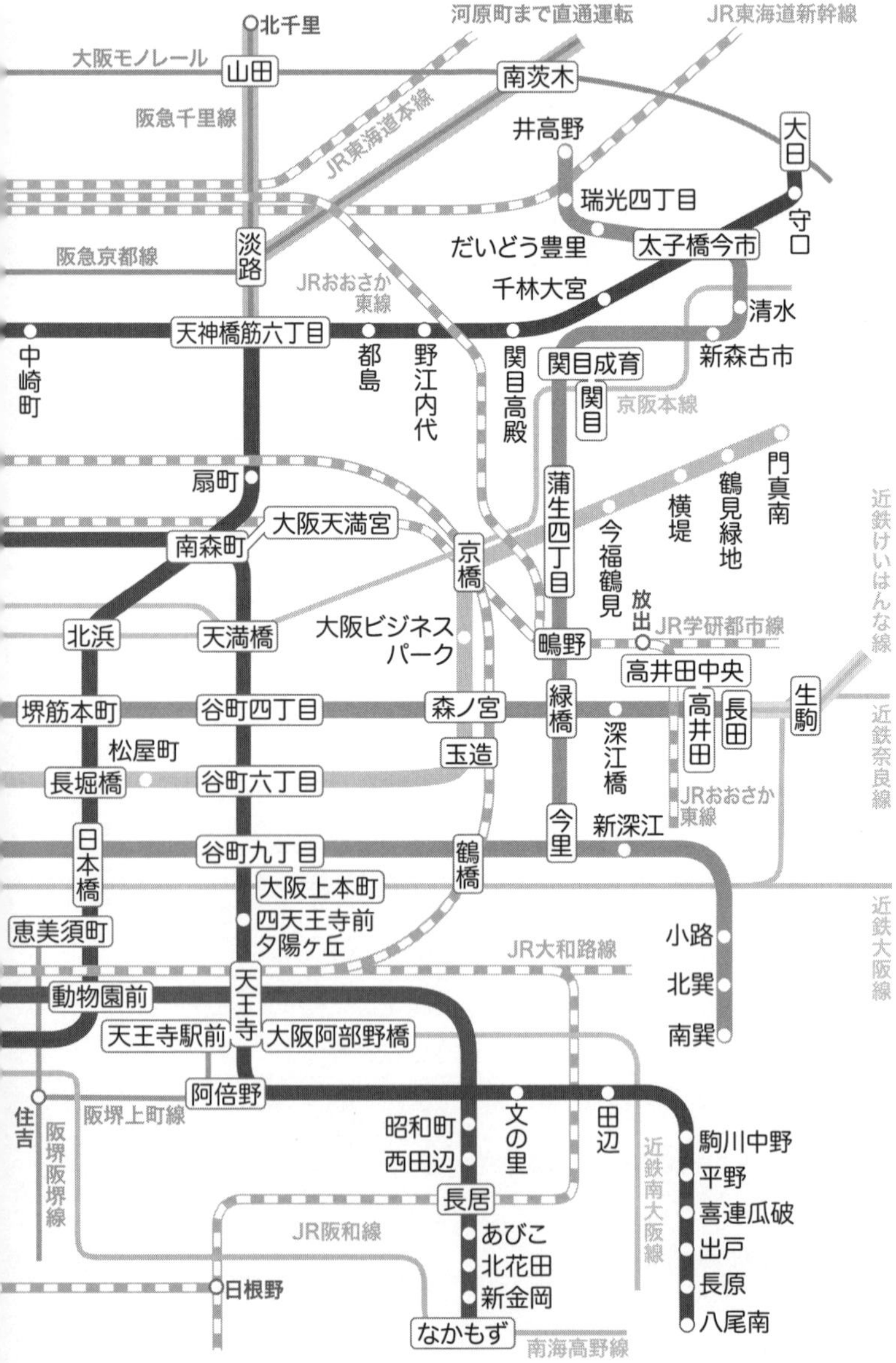
北千里
河原町まで直通運転
JR東海道新幹線
大阪モノレール
山田
南茨木
阪急千里線
JR東海道本線
井高野
大日
瑞光四丁目
守口
淡路
だいどう豊里
太子橋今市
阪急京都線
JRおおさか東線
千林大宮
清水
天神橋筋六丁目
都島
野江内代
関目高殿
関目成育
新森古市
中崎町
関目
京阪本線
門真南
鶴見緑地
横堤
扇町
今福鶴見
蒲生四丁目
大阪天満宮
京橋
南森町
近鉄けいはんな線
北浜
天満橋
大阪ビジネスパーク
放出
JR学研都市線
鴫野
高井田中央
堺筋本町
谷町四丁目
森ノ宮
緑橋
深江橋
高井田
長田
生駒
近鉄奈良線
松屋町
玉造
長堀橋
谷町六丁目
JRおおさか東線
日本橋
今里
新深江
谷町九丁目
鶴橋
大阪上本町
近鉄大阪線
恵美須町
四天王寺前夕陽ヶ丘
小路
JR大和路線
北巽
動物園前
天王寺
天王寺駅前
大阪阿部野橋
南巽
阿倍野
住吉
阪堺上町線
田辺
文の里
昭和町
駒川中野
阪堺阪堺線
西田辺
平野
近鉄南大阪線
長居
喜連瓜破
あびこ
JR阪和線
出戸
北花田
長原
日根野
新金岡
八尾南
なかもず
南海高野線

大阪地下鉄路線図

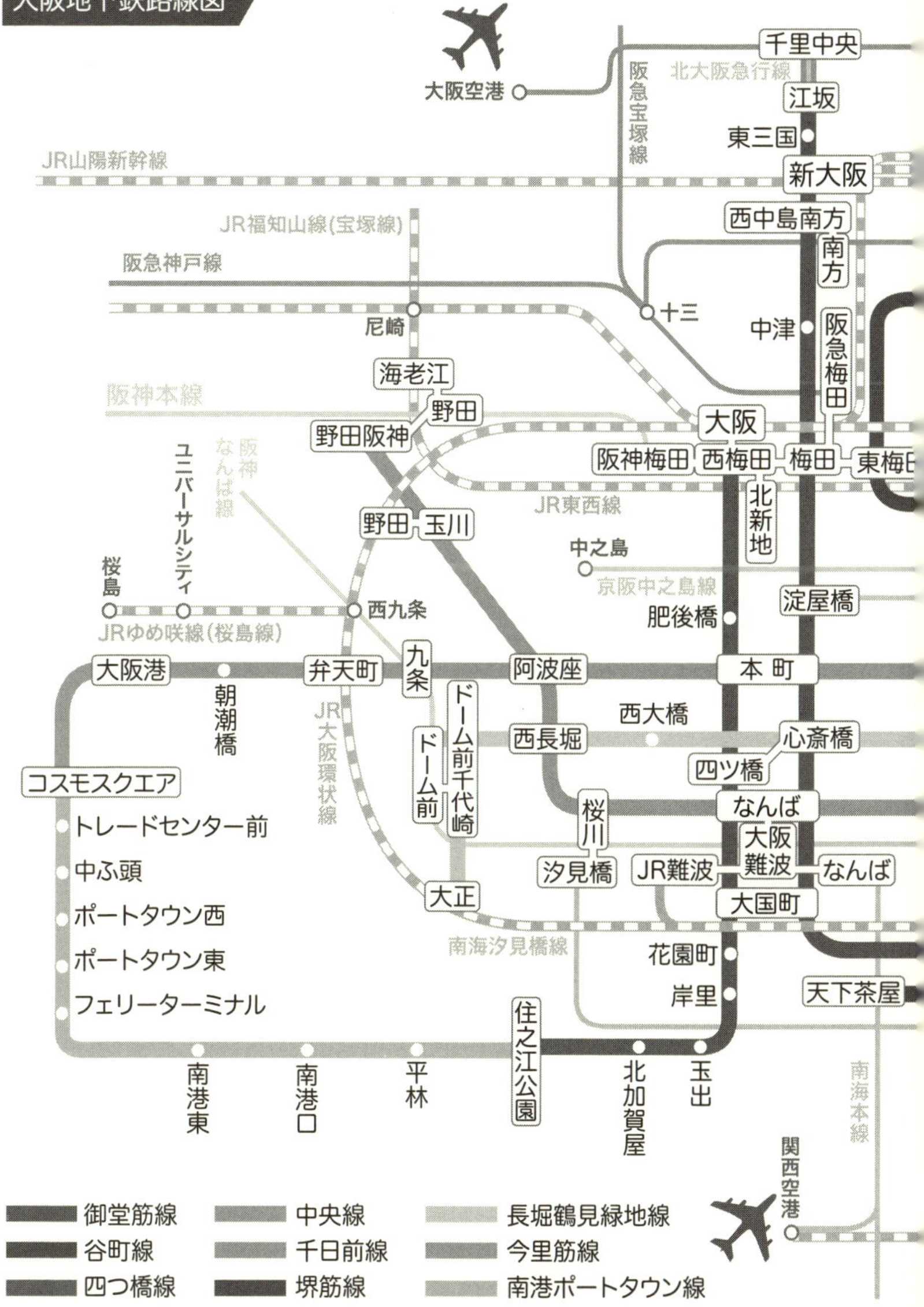

※掲載の情報(間違いなど)によって引き起こされた(直接的、間接的を問わず)損害について、一切責任を負いませんのでご了承下さ

2020年以降《いこう》も勝《か》ち続《つづ》けたいなら大阪《おおさか》の不動産《ふどうさん》に投資《とうし》しなさい

2018年12月19日　初版第1刷

著　者………………… 山本裕介《やまもとゆうすけ》
発行者………………… 坂本桂一
発行所………………… 現代書林

〒162-0053 東京都新宿区原町 3-61 桂ビル
TEL / 代表 03（3205）8384　振替 00140-7-42905
http://www.gendaishorin.co.jp/

デザイン………… 岩泉卓屋（IZUMIYA）・桑田篤（GLACIA）

印刷・製本（株）シナノパブリッシングプレス
乱丁・落丁本はお取り替えいたします。

定価はカバーに
表示してあります。

ISBN978-4-7745-1758-2 C0034